# 提升利润的 78个方法

田卉——著

中国商业出版社

**图书在版编目（CIP）数据**

提升利润的78个方法 / 田卉著. -- 北京 : 中国商业出版社, 2024. 8. -- ISBN 978-7-5208-3057-7

Ⅰ. F275.4

中国国家版本馆 CIP 数据核字第 2024SE5673 号

责任编辑：郝永霞
策划编辑：佟　彤

中国商业出版社出版发行
（www.zgsycb.com　100053　北京广安门内报国寺 1 号）
总编室：010-63180647　编辑室：010-83118925
发行部：010-83120835/8286
新华书店经销
三河市京兰印务有限公司印刷
*
710 毫米 ×1000 毫米　16 开　13.5 印张　230 千字
2024 年 8 月第 1 版　2024 年 8 月第 1 次印刷
定价：68.00 元
* * * *
（如有印装质量问题可更换）

# 前言 利润正在拐角处等你

作为企业管理者，你最在乎的是什么？想必更多的回答是：利润。如果你想要降低公司成本、提高员工的工作效率，实现公司利润的增长，那么推荐你阅读这本书。

不过，很多中小企业老板更关心业务范围是否得到了拓展、客户资源是否增多、员工的关系是否和谐、工作状态是否保持积极向上。也就是说，他们更关注公司发展的一些“小事”，虽然这些也值得被关注，但是也请你阅读一下这本书吧，因为只有清楚地知道如何提升利润，才能真正实现企业的长远发展。

对公司利润增长率不满意的企业家也应该阅读一下这本书，因为将书中的方法应用到实际管理上，公司的利润增长率势必会有所变化。

本书共分成两篇十三章进行介绍：一是软实力篇；二是硬实力篇。软实力篇中，共分七章。第一章向管理要利润，讲的是企业提升领导力的方法，通过提升影响力来促进企业利润增加。第二章创造有价值的增长，讲的是企业如何打造自己的品牌，用品牌影响力促进销售和提升利润。第三章像客户一样思考，讲的是如何提升企业售后服务的标准和方法，最终实现利润翻番。第四章掌握流量的密码，讲的是如何销售才能赚取更多的利润。第五章进阶者的优势，讲的是企业如何进行创新，才能实现利润的突破。第六章付出能反哺社会竞争力，讲的是如何在承担更多社会责任的同时实现利润增长。第七章可以触碰到的规则，讲的是塑造企业文化的方法对利润的反作用力。硬实力篇共六章。第八章一路过五关斩六将，讲的是降低成本的几种方法。第九章持续成长的秘密，讲的是提升产品质量对企业利润的影响。第十章时间管理的递增法则，讲的是提升工作效率的各种方法。第十一章走轻资产运作之路，讲的是企业走轻资产之路，实现降本增效。第十二章加速供应链血液循环，讲的是提升物流工作效率的各种方法。第十三章力量存在于大脑中，讲的是在采购中提升利润的各种方法。

静下心来认真阅读这本书，按照本书提供的方法进行实践，你会发现公司的利润有了突飞猛进的增长。

# 目录

## 软实力篇

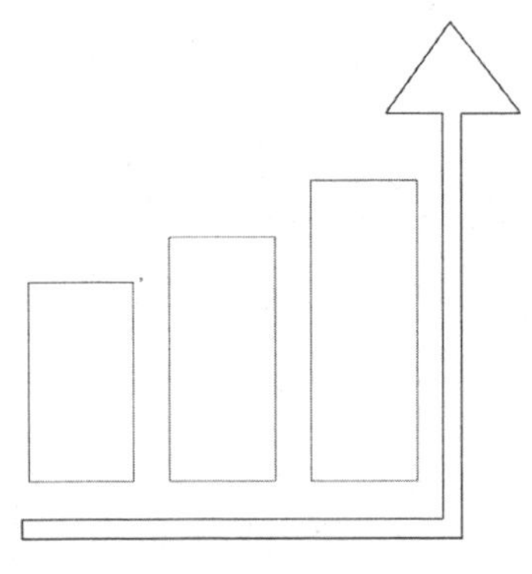

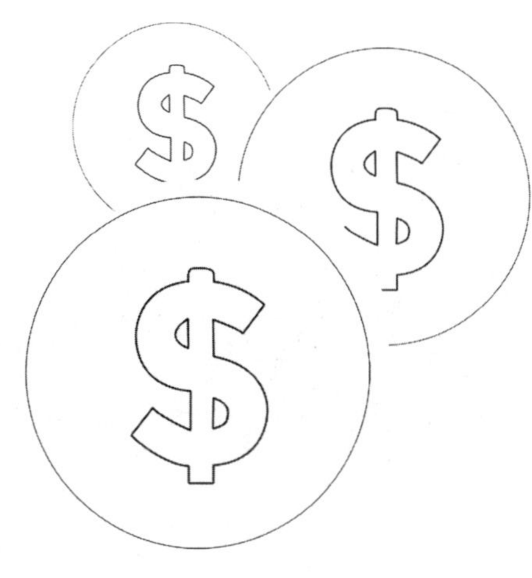

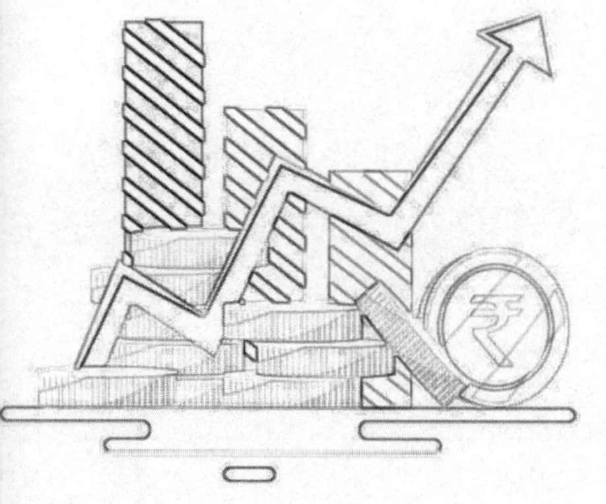

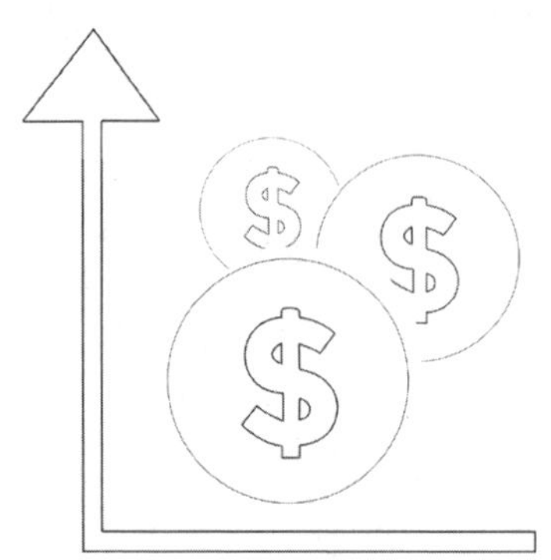

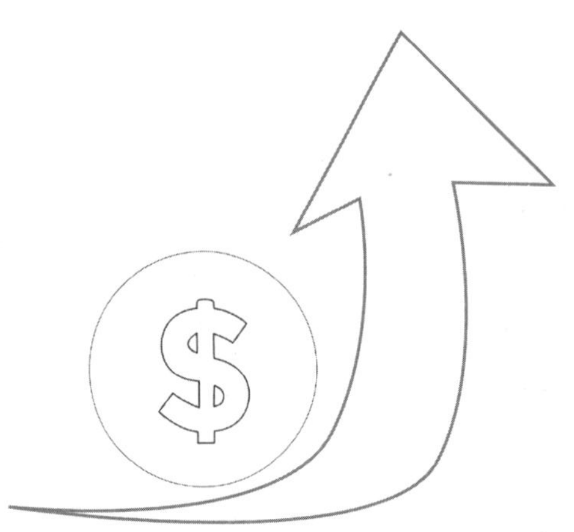

# 软实力篇

## 第一章 向管理要利润

# 1. 忙碌不一定会有成效

很多企业的管理者，尤其是中小企业的管理者总会遇到这样的情况：自己整天忙得团团转，下属每天的工作却很轻松。出现这样的情况，无论是对企业还是对团队来说，都不是什么好事。管理者太忙，就意味着舍不得放权，一方面会让下属失去决策权和存在感，使得他们不愿意主动工作，不愿意承担责任，甚至还觉得老板是个爱逞能的管理者；另一方面也不利于团队的能力得到充分施展，管理者整天忙着开会，忙着处理各种琐事，就没有更多的时间为企业制定长远的规划。

如何克服这种“瞎忙又无用”的状态，是所有企业管理者必须思考的重要问题。

第一，重新梳理和评估自己的工作目标及团队的工作目标。企业管理者要保证设定的目标具有可实施性，符合企业现状，与企业远景规划与战略目标相一致。同时，企业管理者必须不断梳理、评估和调整自己的目标，才能真正把团队和自己的工作时间和精力放在重点需要规划和安排的地方。

第二，构建新的工作计划。管理者一旦有了清晰、合理、科学的工作计划，就可以有的放矢，更好地规划时间，让自己和自己的团队都保持较高的工作效率。当然，计划也应该分出轻重缓急，这样有利于资源的合理分配，也可以避免使员工陷入过度忙碌的状态。

第三，科学合理地分配工作任务。企业的管理者应该学会科学合理地分配工作任务，这样管理者才有更多的时间和精力来分析、处理重要的事情，而不是每天都把时间和精力浪费在处理鸡毛蒜皮的小事情上。当员工被管理者给予充分的信任，他们也会倍感欣慰，有种被信赖和尊重的感觉，这能够起到鼓励员工主动参与企业管理和工作的作用。

第四，规划好工作时间。管理者提前做好时间管理也是让工作变得忙而不乱的必备技能之一。管理者可以通过设置手机重大事件提醒或者用便笺、日历记录等方式，帮助自己制订一日工作计划，并及时跟进工作的进度。尤其需要设定工作的事件限制，不要让拖延症毁掉自己的工作效率。

第五，做好沟通。沟通的目的就在于提前做好工作部署，避免可能出现的误解或者错误，提高工作效率。当然，管理者也需要及时倾听员工的意见和建议，了解大家的工作状态和需求，并及时提出解决方案或者做出反馈。

第六，建立完善的管理机制。企业的管理不能单纯依靠“人管人”，还得依靠完善的规章制度以及合格的管理机制，尤其应该避免“多头领导”，权、责、利不分的情况出现。这样才能真正提高企业行政效率和管理执行力（见图1-1-1）。

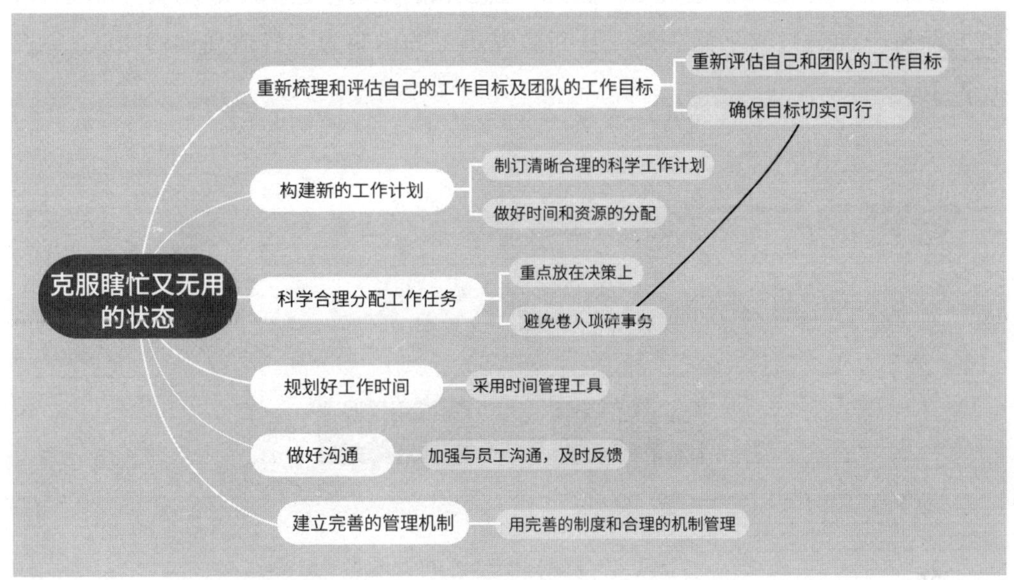


图1-1-1 克服瞎忙又无用的状态

总之，忙而无效的管理是企业之大忌。

# 2. 做个有安全感的管理者

所谓“有安全感”的管理者，就是学会放权的同时，也不过分授权，管理者与员工保持一种适当的平衡关系，从而激发员工的内驱力，打造高效的团队（见图1-2-1）。

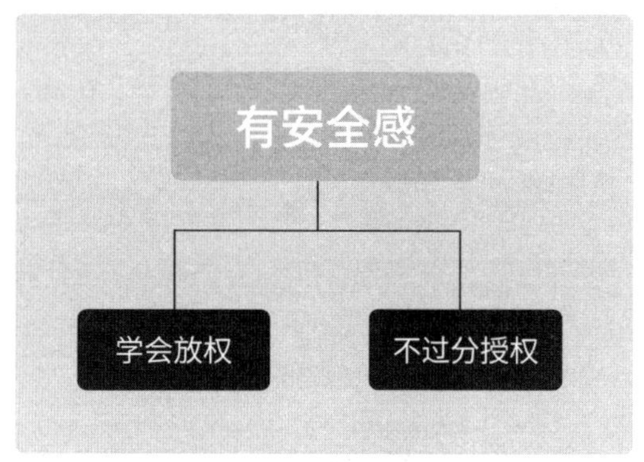


图1-2-1　有安全感的管理者

管理者不愿意放权，是因为不敢放、不想放，害怕放权后就失去了对企业的全面控制。很多中小企业管理者对放权存在一定的认知误区：①不相信员工，觉得还不如自己做，自己肯定比员工做得更好；②曾经给员工授权过，结果效果、效率都不满意；③管理者担心过度放权，自己会被员工架空；④管理者觉得只有掌控好下属，才有安全感；⑤觉得放权容易，想再收回来就会很困难。

大权独揽又事无巨细的管理方式，长此以往会导致企业管理陷入僵化。管理者总是承担决策权和责任，那么员工在工作中遇到任何问题，都不会主动思考解决办法，因为管理者会直接找他们的上级主管问责。这样管理无疑间接抹杀了员工工作的主动性和创造力，员工懒于思考，不屑于分享新想法和独特的观点，而且独揽大权的管理方式，也会让员工觉得没有被信任和被需要的感觉，在工作中感受不到价值感。管理者如果对员工适度放权，则会让员工感觉自己被老板重视，对自己岗位感到满意，会主动配合管理者更好地完成工作。

优秀的管理者不是天生的，而是后天习得的，管理者一定要学会放权。

第一，分清哪些工作可以放权，哪些事情应该自己掌控；

第二，甄选适合的授权对象，明确其应该具备怎样的知识结构、能力和技能；

第三，为授权的人做好心理辅导，按照一定规则放权；

第四，放权时，应该明确其权责；

第五，及时反馈，做好监督，发现问题及时纠正；

第六，做好评估与验收，与绩效、晋升联系在一起。

真正优秀的管理者没必要事必躬亲，学会适当放权，才能使管理刚柔并济，真正与企业和员工共同成长。

## 3. 会“画饼”，也要会做饼

所谓“画饼”，就是企业给员工设置激励目标和机制，调动员工的工作热情，使其达到设定的目标。一般来说，企业激励机制中常用到的三大“饼”就是：涨工资、升职位、福利待遇优厚（见图1-3-1）。

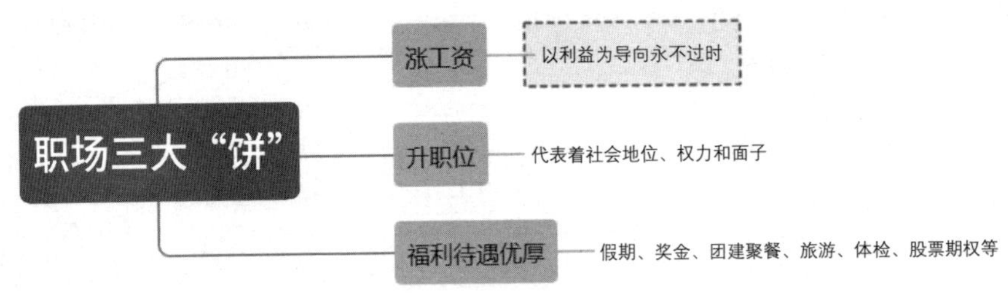


图1-3-1　职场三大“饼”

当然，企业管理者不必随时随地给员工“画饼”，选择恰当的时机激励员工会取得事半功倍的效果。比如：新官上任时，上级给下属规划美好的未来，容易激起员工的上进心，认为自己只要努力工作，就可以得到上级的认可。当企业面临人才匮乏的局面，员工人心惶惶的时候，企业的管理者可以通过“画饼”来稳定人心，使员工能够踏实工作。此外，重要项目进行到关键时刻，管理者要为员工加油打气，使员工拥有被器重的感觉（见图1-3-2）。

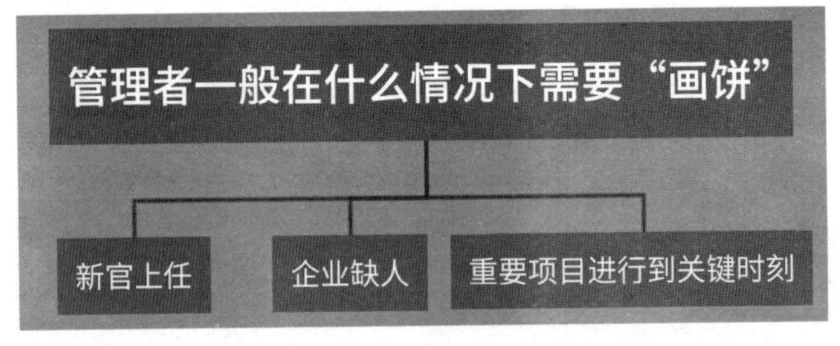


图1-3-2　管理者一般在什么情况下需要“画饼”

管理者如果只给员工“画饼”，但是从不兑现自己的承诺，那么员工的失望之情会越积越多。因此，企业管理者除了要会给员工“画饼”之外，还应该会“做饼”，让员工真正感受到企业的激励态度（见图1-3-3）。

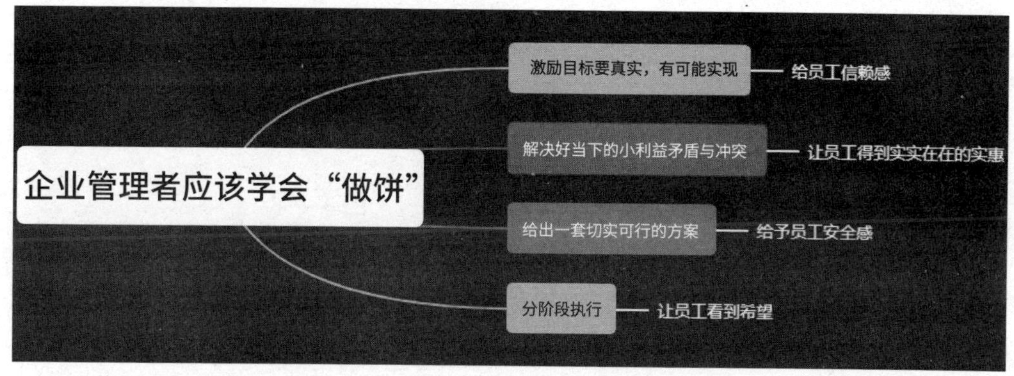


图1-3-3 企业管理者应该学会“做饼”

第一，激励目标要真实，有可能实现。如果企业管理者设置激励目标过高，员工会觉得那是一个难以完成的目标，不但起不到激励作用，而且会打击士气，同时也寒了员工的心。因此，企业管理者设置的激励目标要切合实际，还要有一定的挑战性，是员工通过努力便有可能实现的那种激励目标。

第二，解决好当下的小利益矛盾与冲突。企业赚取更多的利润与给予员工更多的实惠，表面上看来是冲突的，但实际上并不冲突。在人才竞争如此激烈的当下，企业更应该切实考虑到员工的生存、生活问题，让员工“有利可图”，让员工心安，这样他们干起工作才能更带劲儿。

第三，给出一套切实可行的方案。很多新员工刚到公司，总感觉一切都是未知的、新鲜的，很多公司都是简单给员工一些培训资料，没有向员工传授工作方法，这就导致新员工有种“摸着石头过河”的感觉。这样的公司会让员工感觉很不安全，他们会觉得自己随时可能犯错或者被解雇。企业管理者不如反其道而行之，将工作中可能面临的风险都告知员工，给员工安全感的同时，让激励方案真正切实可行，让员工相信在这样的公司可以自我成长，也可以赚到钱，这样员工才能安心在这里工作。

第四，分阶段执行，给员工希望。如果企业管理者只是习惯于不停地“画饼”，给员工灌输各种心灵鸡汤，但是没有给员工任何切实的好处，那么员工便不会再为其赴汤蹈火。比如，企业可以设计加薪或者升职的奖励制度，为新员工设置提前转正的条件，为老员工设置一些具体的升职、加薪的标准等。

企业管理归根结底是人的管理，管理者不仅要善于在恰当的时机"画饼"，给予员工激励和支持，更应该做好目标的落实，这样才能真正起到激励员工的作用。

## 4. 做个乐于倾听的人

孔子在《论语 · 为政》中曾说:“吾与回言终日，不违，如愚。退而省其私，亦足以发，回也不愚。”大致意思是，很多学生都喜欢提问题，颜回却是一个很少提问而且看起来有点愚笨的人。但实际上他私下会认真思考孔子讲授的内容，并能够提出自己的见解。孔子认为，经常提出相反意见的学生并不一定优秀，反倒是像颜回这样善于倾听，能把知识运用到实际生活中的人更优秀。

其实，企业管理者也要善于倾听员工的心声。首先，员工如果感受得到跟自己对话的管理者是一个善于倾听的人，而不是喜欢主观臆断的高姿态管理者时，平等对话会让员工更乐于毫无保留地分享自己的意见和感受。这样，员工与管理者之间会形成良性互动的关系，能够一起努力解决问题，而不是互相指责和推卸责任。其次，倾听可以为管理者提供更多信息，让其做出的决策更稳妥也更科学。比如，新的产品批量生产之前，认真倾听大家的意见和建议，以此确定下一个阶段的经营目标。最后，倾听可以让管理者更容易发现员工的优点，也更容易激发员工的工作热情（见图1-4-1)。

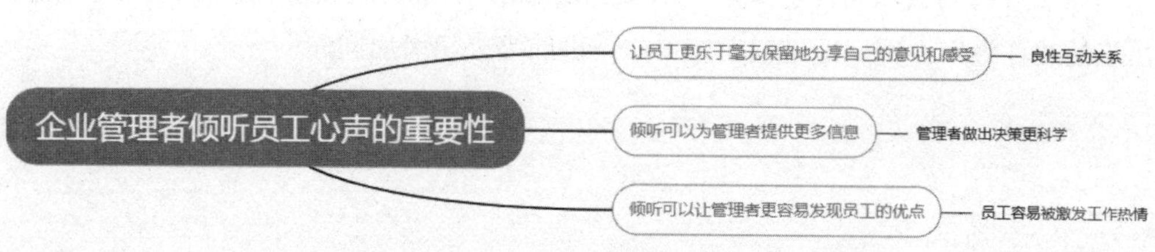


图1-4-1 善于倾听的重要性

企业管理者展现自己善于倾听员工的心声，也需要一定的技巧。例如，在听员工说话的时候，管理者必须专心致志，还得通过自己的面部表情、肢体语言、适当的回复，传达一种平等、积极的交流氛围。所谓“倾听”，不仅是只站在自己的角度思考，更多的是把焦点和重点放在说话的人身上，学会换位思考。真正的倾听，是听员工想要表达的真正意思，甚至是话语中隐含的情绪、需求和价值。

管理者可以按照下面的方法提升自己的倾听技巧：

第一，不先入为主，听完再发表看法。很多管理者都习惯带着“先入为主”的想法对待员工的发言，甚至习惯打断对方的讲话。实际上，当管理者听到员工发言的时候，没听完之前发表任何观点都可能是片面的、不完整的、不成熟的，是对对方看法一知半解的主观臆断，这时出言打断员工的发言，可能导致员工独特的想法被埋没。因此，为了防止出现这样的情况，管理者应该多听少说，等员工完整地讲述自己的见解后，再发表自己对这个问题的看法。

第二，善用肢体语言表达专注与看法。比如，管理者应该用眼神直视说话的员工，目光不要躲闪、游离，也不要不停地转笔或者双手交叉放在胸前，或者单手托腮半遮面，这都是不愿意接受别人意见的防御姿态。管理者可以身体保持前倾的姿势，传达一种对员工说话感兴趣的意思。

第三，不要一直保持沉默，要适当地提问、沟通、互动。如果员工说什么，管理者都不给予反应，那么员工就感觉自己没有赢得管理者的尊重和信任。在倾听的过程中，管理者要给予员工反馈，比如“嗯”“这个想法挺有意思”“我懂了”“是的”等来认同员工的看法，或者用“我想听听你是怎么考虑的”“咱们可以一起讨论一下”“你的提议真不错”“我没有听明白，能否再跟我说说”来鼓励员工发表自己的看法。

善于倾听的管理者能够了解基层员工的想法，也能激发员工的工作热情、提升员工的工作效率，更好地带领员工工作，进而为公司增加利润。

# 5. 批评应对事不对人

华为创始人任正非曾经说过:“对事负责与对人负责，一个是扩张体系，一个是收敛体系。为什么我们强调以流程型和时效型为主导的体系？执行流程的人，是对事负责；事事请示，是对人负责，是收敛的。”这段话可以更深层次地理解为企业管理应该以客户满意为最高标准，为客户创造价值，无论是管理还是具体工作执行都应该对事不对人。

从字面上理解，“对事不对人”指的是能够站在客观的角度评判事件的对与错，不夹杂任何个人的情绪和看法。很多人认为企业管理就是“管人理事”，于是在实际管理工作中也强调对人的管理。他们把提升效益和利润的关键点放在员工管理上，结果产品和售后服务质量却难以维持一个较高的水平，致使很多企业出现“员工总是带着情绪工作”“员工干活总是懒散，缺乏斗志”“员工总是以个人利益为中心，从不站在企业角度思考问题”……企业管理者在管人上面出了问题，会导致员工缺乏目标管理，总是凭着热情、心情、兴趣做事，所有岗位工作缺乏标准和统一的流程管理。

那么，企业管理者如何才能真正做到“对事不对人”呢？可以试着这样改变（见图1-5-1）:

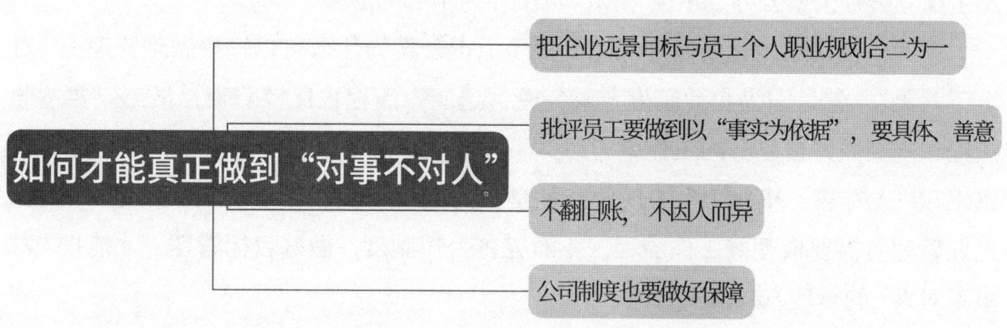


图1-5-1　如何才能真正做到“对事不对人”

第一，把企业远景目标与员工个人职业规划合二为一。很多管理者总是为留不住人才或者招聘不到优秀员工而发愁，他们不明白为什么公司有优厚的待遇，也有培训课程，还设计了各种福利和团建，员工还总是来了又走。这其实是因为员工缺乏工作动力，物质上的奖励只能给人短暂的满足感，员工更需要精神上的满足感。这就需要管理者把企业目标与员工个人目标合二为一，提升员工个人素质的同时，了解员工真正想要什么，把成就个人融入企业远景发展目标中，让员工在成就自身的同时也能完成公司的目标和任务。

第二，批评员工要做到以“事实为依据”，要具体、善意。所谓“事实”就是现实发生的事情，不是管理者道听途说或者主观臆断的事情。比如，员工穿拖鞋上班被扣工资这件事，从监控中管理者确实发现该员工穿拖鞋上班，而且频率达到了几乎每天如此，他作为销售给客户留下了不好的印象，还影响了销售业绩。因此，管理者可以做出这样的评论：该员工多次违反公司规章制度，穿拖鞋上班引起了多位客户不满，给公司销售业务造成了不好的影响。没有员工愿意接受不知所为的批评，因此想要做到批评“对事不对人”，就需要管理者明确批评的具体内容和原因。管理者可以一边跟员工分析事情的原委，一边强调事情可能导致的后果，让员工知道自己具体错在哪里。另外，管理者的批评也应该掌握好语言的尺度，不要对员工恶语相向或者对员工进行言语辱骂。

第三，不翻旧账，不因人而异。很多管理者批评下属时总是戴着有色眼镜，尤其喜欢翻旧账，这样的批评显然会引起下属的强烈不满，给下属塑造一种心胸狭隘、喜欢打击报复的上级主管形象。同样，一个管理者如果不能“一碗水端平”，对犯同样错误的下属给予不同的处理，就很难服众。管理者应该规避这两种情况，给员工树立一种公事公办，不偏不倚，以工作为中心的形象。

第四，公司制度也要做好保障。很多上市公司为什么可以轻松做到管理上“对事不对人”，就是因为企业制度足够完善、透明，流程也比较明晰，员工只要按照流程和规则做好自己分内工作就可以，不需要通过感情来维系。很多中小企业之所以出现“人难管，事难办”的现象，就是因为制度和流程不够完善、清楚。因此，企业管理者需要梳理好工作流程，不断完善公司制度，做好目标管理，才能把“对事不对人”的管理方式落实到位。

管理者做到“对事不对人”，那么管理效率和工作效率都会大幅提升。

# 6. 让工作变成有趣的事

心理学家加贝尔博士曾说:“快乐是纯粹内在的，不是由于客体，而是由于观念、思想和态度而产生的。无论周围环境怎么样，个人的活动都可以发展和指导这些观念、思想和态度。”在企业中，工作效率的提升离不开工作态度的积极和工作热情的高涨。员工如果无法集中精力、总感觉工作枯燥无味，那么工作效率和结果恐怕很难保证。任何一份工作，前期都是充满乐趣和挑战的，但是随着时间的增长，工作将变得枯燥起来。

其实，工作犹如一场“马拉松”，如何让员工保持工作热情的同时，不断突破“极限”，是每个管理者应该思考的问题（见图1-6-1）。

图1-6-1 快乐工作，提升工作效率

第一，强调人性化管理，更多地考虑到员工的利益和困难。在制度设计上应该多关注员工的需求，强化“企业就是我家”的概念，让员工把个人荣誉与企业兴衰联系在一起，让员工感受到归属感。企业管理者也不要总是给员工施压，而是应该给员工关爱和心理疏导，让员工保持轻松、愉快的心情进行工作，以此推动企业的发展。

海底捞为了提升员工的满足感和幸福感，给员工营造“家”的感觉，强调员工个人发展和优渥的福利待遇。为此，海底捞设置了“亲子陪伴计划”，鼓励员工把子女接到身边照顾，并建立寄宿学校，让员工的子女可以在当地享受良好的教育资源。海底捞提供有暖气、空调的宿舍，方便员工将家人接到身边一起生活。此外，海底捞还设置了公平、公开、透明的人才晋升考核制度，为那些来自农村、学历不高的员工，提供了实现梦想、改变命运的舞台。所有海底捞员工无论工作年限多长都享有每年12天的带薪年假，公司还会提供回家往返的火车票（见图1-6-2）。

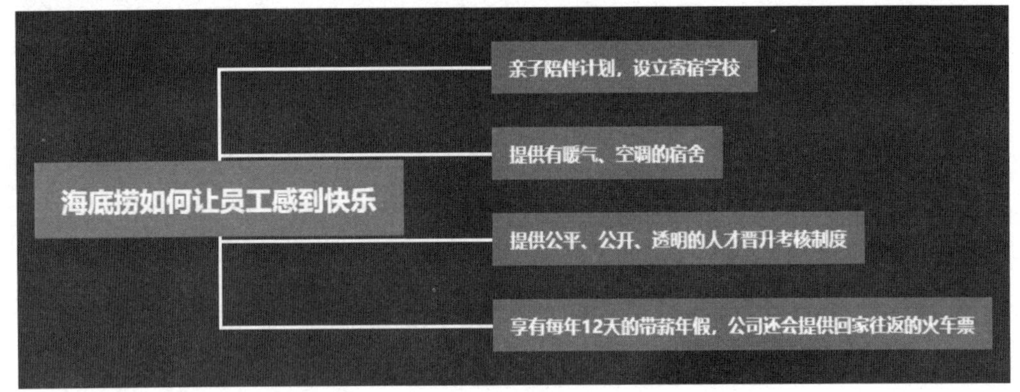


图1-6-2　海底捞如何让员工感到快乐

第二，注重培训与员工个人提升，尽可能发挥员工优势，做到知人善用。与时俱进，不仅是对企业的要求，也是对每个员工的要求。员工掌握的知识结构与技术不能跟得上时代和变化，就无法匹配自己的岗位，这对企业发展及利润的提升很明显是不利的。因此，企业管理者必须认真对待员工培训，利用培训的方式为员工注入新活力，让其更轻松地应对自己的工作。所谓“知人善用”，就是做到人尽其才，把每个员工放到适合的岗位上工作，使其发挥最大的潜力。当然，这也要求管理层能够为员工做好职业规划。让员工处在适合的岗位，才能让其在工作中体验到成就感和快乐，才能在实现自我成长的同时，实现工作、业务水平的提升，也帮助企业创造更多的利润。

第三，保证公平的情况下，管理者要学会激励员工，让员工获得提升的同时，感受到自己被信任。无论员工是什么资历、级别、学历、性别，企业内部不存在歧视或者同岗位不同薪水的现象，这样会大大增加团队内部的向心力，使得员工乐于主动工作，让整个团队都得以快速运转。

一个优秀的管理者不一定要有良好的口才，但是一定要有关爱员工之心，一定要让员工快乐地为企业工作，这样才能真正创奇效、增利润。

软实力篇

# 第二章 创造有价值的增长

# 1. 打造品牌差异化

所有新品类的商品一经推出，只要受到消费者追捧，势必会迅速如雨后春笋般涌现出来，然后掉进同质化的泥潭。

那么，什么是同质化呢？所谓同质化，是指同类型的产品让消费者看不出任何差别。比如，酸辣粉都主打筋道、酸辣、正宗，市场上众多品牌的酸辣粉有什么区别呢？消费者会感觉，市场上这些酸辣粉味道上并没有多大区别！

产品同质化加重，意味着顾客对产品有着越来越多的选择，也意味着产品会陷入滞销，产品价格会越来越低，商家利润会越来越少。同时，由于商家获利很少，没钱进行产品研发，市场也就自然不会变好。因此，要想从根本上解决产品同质化问题，就要进行创新（见图2-1-1）。

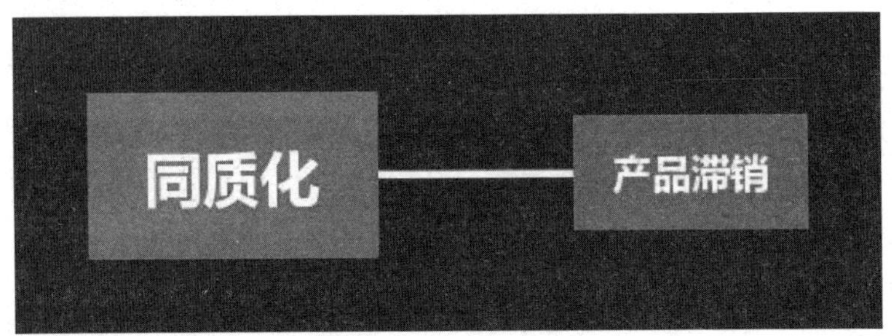


图2-1-1　同质化的结果

与同质化相对的是差异化。所谓差异化，就是产品和品牌要体现出自己与众不同的地方，使顾客能够把它同其他竞争性企业提供的同类产品有效地区别开来。比如，都是红烧牛肉味的方便面，但是某个品牌的红烧牛肉面就是有自己的独特性——面饼较大或者酱料更醇厚——这就是差异化（见图2-1-2）。

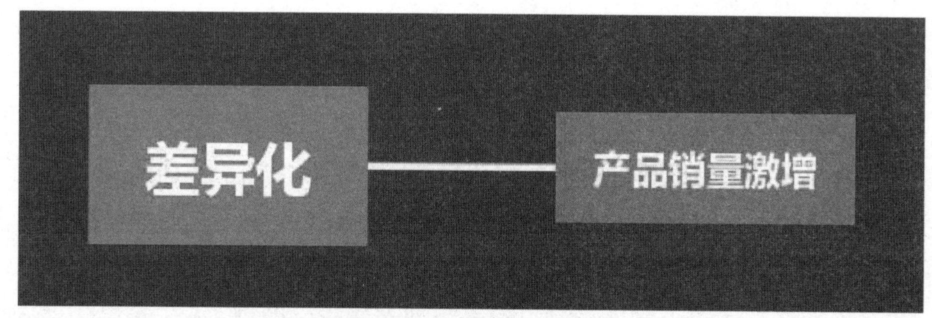


图2-1-2 差异化的结果

品牌之所以要打造出差异化，原因是：

第一，打造品牌差异化，可以有效避开与同类产品的直接交锋。同质化的产品，想要挤占市场大部分靠的是价格战，但是品牌做好差异化战略后，就可以找到更精准的消费者用户群，细分出更独特的市场，发挥品牌差异化优势，抢占差异化带来的高市场占有率，获得新的利润。

第二，打造品牌差异化，可以有效提升消费者对品牌的忠诚度。客户最初选择某个产品，可能是因为价格实惠，但是如果客户不断复购该产品，一定是因为该产品为其提供了舒适体验。比如，星巴克一直打造介于家庭和办公之间的第三种场景，给消费者商务+休闲的舒适体验，因此无论是选址还是室内软装及灯光搭配，都极力营造这种舒适的体验感。

第三，打造品牌差异化，可以在扩大其竞争优势与市场占有率的同时，提升品牌的影响力。品牌差异化是在培养和扩大产品在某一方面或者某一个细分市场的优势，并以点带面，在竞争中积累经验和实力，不断扩大自己的影响力。也就是说，品牌差异是产品市场竞争的有力武器，可以吸引更多消费者，也能扩大消费市场，最终赋能品牌，增强其市场影响力和竞争力。

如何打造品牌差异化，吸引更多的消费者，是每个管理者应该思考的问题。

第一，讲好人物故事，尤其是品牌创始人的奋斗故事，让消费者对品牌产生好感。比如，提到董明珠的创业故事，就想到格力电器；提到为了保证质量，怒砸冰箱的张瑞敏，就想到了海尔；提到娃哈哈矿泉水和AD钙奶，就想到了宗庆后，就想到了娃哈哈品牌。消费者通过对品牌关联人物的了解和熟悉，记住了这个品牌，再加上人物本身传奇色彩的故事和催人奋进的励志经验，更加深了消费者对品牌的认知和好感。因此，讲好人物故事，构建消费者对品牌的情感链接和依赖非常重要。

第二，在产品效果、功能上做文章，击中消费者的痛点，刺激购买欲。以“云南白药”为例，无论是最平常的创可贴还是膏药、消毒湿巾、镇痛喷雾、牙膏等，都主打的是“消炎、活血、止痛”的功能。在生活和工作中，人们难免磕碰受伤，“消炎、活血、止痛”就一下子击中了消费者家庭必备、守护全家的痛点。

第三，在产品成分上制造差异。结合消费者需求，做到“人无我有”，找到与消费者契合的利益点。很多医药产品或者食品，都喜欢从产品配方上找差异化。比如，大家熟悉的金龙鱼1:1:1调和油，便是从产品配方着手的经典案例。

第四，构建差异化的生活或者使用场景。比如，RIO鸡尾酒的广告营造出一种“微醺”美感，给消费者传递出“一个人独饮几杯”小酒，远离疲惫、喧嚣，寻找暂时心灵安慰精神家园的意境。

企业若想生存下来，就要打造差异化的产品，找到自己的与众不同，抓住消费者的心，这样才更有机会获得突围。

## 2. 怀旧营销的力量

“黑芝麻糊喂！”当熟悉的奶奶和孙子的画面再次出现，这碗黑芝麻糊已经不仅仅是一餐美味，更是唤醒了很多消费者对该品牌儿时的记忆和回味。早在18世纪，卢梭和康德就曾经提出“怀旧”的概念，他们认为怀旧是“对过往美好时光的纪念”。“怀旧”应用到品牌和营销中也会产生不一样的化学反应。品牌的“怀旧力量”指的是，通过触发一些有意义的画面或者符号，迅速激发消费者曾经的美好，利用客户的群体记忆或者情感，获得品牌认同（见图2-2-1）。

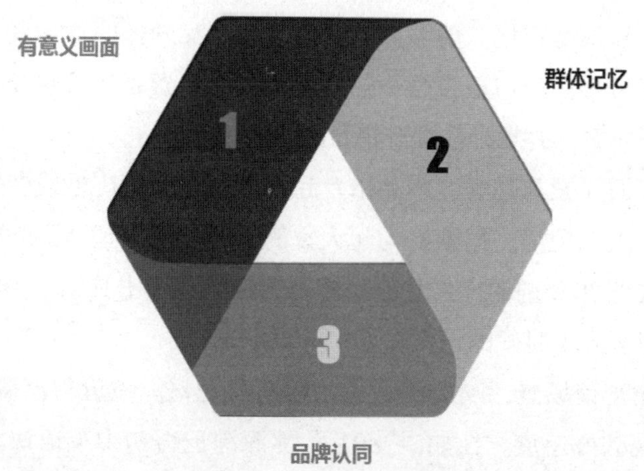


图2-2-1　品牌怀旧的本质

第一，怀旧可以慰藉客户的心灵。北冰洋汽水1983年就亮相中央电视台第一届春晚，但是随着各种国外品牌汽水的纷至沓来，一度在国内市场沉寂。直到2011年，停产15年的北冰洋汽水又靠着老味道、玻璃瓶的外包装，靠怀旧唤醒了80后消费者的儿时记忆，抚慰了他们的心灵，使得老品牌焕发了新的生机，2018年销量一度达到8亿元。

第二，怀旧可以唤起曾经美好的体验。人们似乎总是怀念小时候吃的零食，也总觉得这种味道无法取代，这其实就是怀旧心理在作祟。两元一根的“东北大板”雪糕，主打的就是家乡的味道和最普通的纸片包装，一下子就勾起了“80后”“90后”小时候在街边冷饮摊买冰棍的情形。类似的商品还有小浣熊干脆面、高乐高、麦丽素等。消费者购买的不只是商品，喜欢的不只是味道，更是商品承载的回忆与情感。

第三，怀旧从品牌上更容易给人安全感。比如，很多人对便宜又好用的国货品牌蜂花洗发水、永芳的粉底、百雀羚的护肤品等非常喜爱。他们觉得，这些国货经过多年洗礼，品质经得起考验，价格也非常亲民，非常值得信赖。

当然，并不是所有老品牌都可以借“怀旧”的东风重新出发，要想让老品牌重新焕发生机，还是需要一些技巧和方法的。

首先，深挖客户怀旧情感诉求，选好怀旧元素，尤其选具有典型时代记忆或者特征的元素。比如黑白电视机、复古旗袍、挂历、录音机、大喇叭等，这些元素都承载着年代特征和情绪记忆，能够被消费者感知。品牌怀旧营销就是找到适合的元素或者集体记忆符号，设定适合当下的情境，帮助消费者体验曾经遗失的美好，赋予品牌新的情感元素，并想办法提升销量。

其次，将怀旧元素与品牌、产品结合起来。通过视频广告或者长图来嫁接怀旧元素，唤醒一代人的记忆，很容易勾起大家的情感记忆，塑造品牌的特别形象。比如，五芳斋就曾把30年前的广告片通过重新剪辑，营造出其悠久的中华老字号的历史感，唤起了很多人小时候的记忆。

最后，构建营销场景，唤醒消费者的情绪和记忆，拉近与消费者之间的距离，提升其对老品牌的好感度。比如，“80后”都深深记得初中英语课本主人公李雷和韩梅梅。麦当劳便设计了李雷因为英语不流利，在点餐时闹了笑话，而韩梅梅耐心地教李雷点餐。广告呈现出怀旧的漫画质感，逗趣之余也让很多“80后”和“90后”消费群体想起了初中时代。

怀旧的情感在消费者心中有着重要的地位。这是因为消费者都会有过往的人生经历，都会有属于自己的美好回忆。品牌利用情感氛围激起消费者怀旧，让他们产生愉悦的回忆，使品牌和消费者之间产生怀旧的情感共鸣，从而使品牌得到消费者的认可。

## 3. 颜值高是面子，产品好是里子

在快消费时代，消费者不仅仅重视品牌和产品的质量，也十分重视产品外包装是否美观好看。正所谓“产品好是里子，好看的外包装是面子”，产品的质量能够满足消费者的生活需求，好看的外包装能够彰显消费者的身份。

互联网时代，消费者获取信息的渠道越来越多，每个人都是传播的媒介，都可以表达自己的喜好，每个人对商品的口碑都可以成为信息内容的制造方与发行方。首先，包装会传递品牌文化，让消费者在最短的时间内了解该品牌以及商品的基本信息。比如，三只松鼠的包装设计便很好地体现了传媒属性。可爱的松鼠形象完美体现品牌文化，而且每到传统节日，三只松鼠还会设计推出精美的礼盒。精美的包装、高质量的产品、适中的价格，非常适合消费者用来走亲访友。其次，包装可以满足客户使用体验，回归服务意识。比如，很多食品都喜欢小包装的设计，正是迎合了消费者便于携带、易于保存的需求。最后，好看的包装可以提升品牌竞争力。消费者到商场和超市购买产品时，从众多同类商品货架一眼扫过时，好看的外包装的确可以一下子抓住消费者的眼球。精美的包装再加上品质过硬的产品，赢得消费者青睐。赚取利润是早晚的事（见图2-3-1）。

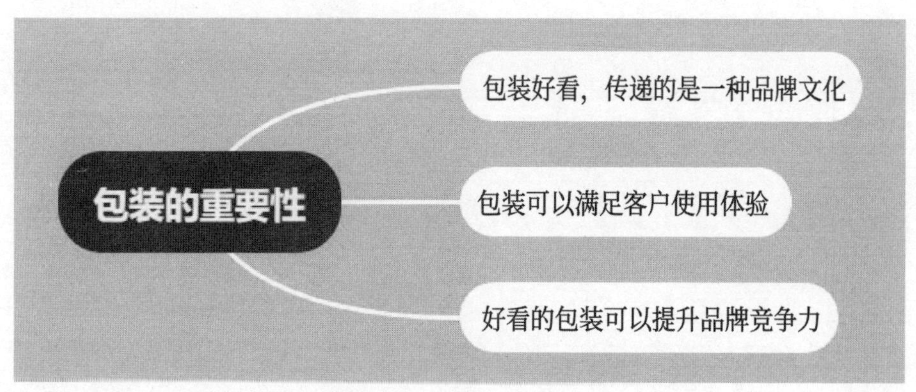


图2-3-1 包装的重要性

因此，从外包装上下功夫留住消费者，就需要从心理上满足消费者的痛点和兴奋点，企业可以尝试用这些方法进行改变：

第一，从“产品特点”的角度设计外包装，根据产品的特点和适用人群来设计。比如白酒的包装就应该突出酒的香气，葡萄酒的包装则应该突出高贵、典雅、浪漫的属性。

第二，从满足客户心理需求的角度设计包装，可以从包装的形状、材质、广告语等方面凸显产品的特点。比如，某些食品的礼盒是专为送礼设计的，可以在包装上凸显地方特色，激发消费者购买欲。

第三，加入漫画形象或者自然元素，来赢得消费者的信任与好感。通过漫画形象或者自然元素为消费者营造轻松、治愈的感觉，令消费者得到一丝慰藉，从而增强对产品的信任感与好感。

第四，用人性化的设计来吸引消费者。比如，如今很多火腿肠的包装都自带开启器，省去了消费者用牙齿撕咬或者找剪刀的麻烦；奶粉无论是罐装还是盒装都配备了奶粉勺。这种给消费者提供便利的包装设计，正是基于尊重和满足消费者的心理研制的，无形中为产品加分不少。

精美的包装确实能够一下子赢得消费者的关注，但是要想长期赢得消费者的青睐，只有精美的包装是远远不够的，还需要产品质量过硬。优良的产品质量搭配精美的包装，必然会让你的产品赢得消费者的信赖。

## 4. 持续传递新鲜感

互联网消费时代，新产品不断产生，消费者的需求也越来越多，越来越追求个性化，可以说整个消费市场对产品新鲜感的需求越来越明显。品牌如果不注重产品与时俱进的思维，不断打造新鲜感，产品就会失去竞争优势，很快会被同品类的品牌打压下去。

品牌新鲜感对于企业的重要价值在于：

第一，品牌新鲜感可以促进产品的营销。在互联网时代，各种消费品层出不穷，品牌想要突出重围，就要根据市场的变化和消费者的需求变化进行升级和变化，还要时刻保持新鲜感，注重提升品牌价值。

第二，品牌新鲜感可以拉近与消费者之间的距离，赢得消费者对品牌及产品的认可度。好的品牌可以给消费者安全感。随着人们对生活品质的要求逐步提升，如果品牌可以从提升新鲜度入手，那么将会给消费者传递更多的安全感和好感，消费者会更青睐该品牌的产品。

第三，品牌新鲜感可以增加品牌附加值。品牌营销的关键在于品牌的独一无二性，而不断给品牌增加新鲜感，也从一定程度上给消费者独特的价值感，这就是新鲜感给品牌增加的价值。

第四，品牌新鲜感可以影响产品价格。纵观整个消费品市场，不难发现越是高价的产品，其销售额越是可观，利润越是丰厚；而那些靠低价抢占市场的产品，实际销售额并不理想。因此，品牌如果从包装、广告等方面进行升级改造，给消费者新鲜感，在一定程度上可以提高产品价格。

第五，品牌新鲜感可以增强团队信心，给员工提供进步和创新的动力。不断提升品牌的新鲜感，就需要在产品研发上下足功夫，对品牌和新产品都有足够的认识和规划，信心十足地应对市场的变化，这样才能给企业带来更好的信誉（见图2-4-1）。

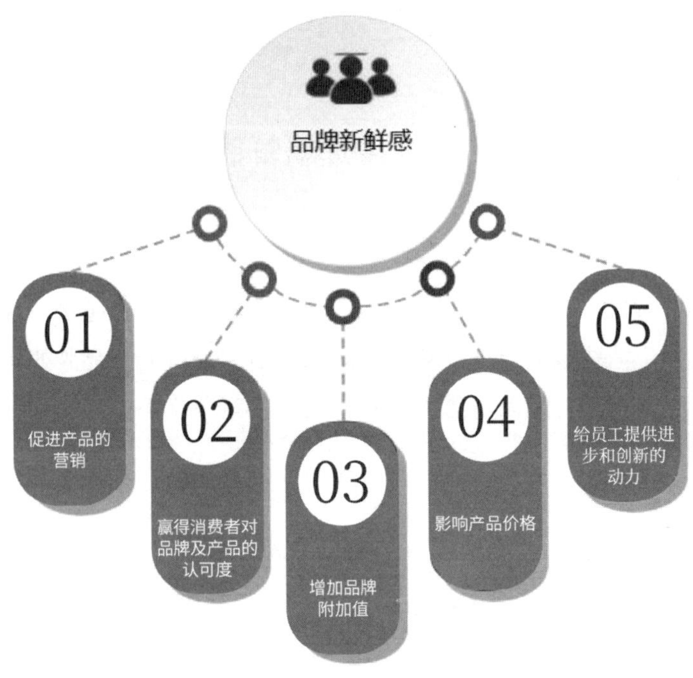


图2-4-1　品牌新鲜感的“价值”

品牌要想通过提升新鲜感来传递品牌价值，触发客户对品牌的吸引力，可以尝试这样的改变：

第一，打造产品的差异化，塑造新鲜感。产品的差异化就是原材料的创新、制作方法的创新、产品形态及包装的变化，甚至使用方法上的变化，使其与市面上同类产品区别开来，打造品牌新鲜感。

第二，创建使用场景，营造新鲜感体验。所谓“场景化”就是让品牌落地，直接给消费者提供消费场景及沉浸式体验，或者打造品牌的网红打卡胜地。这种使用场景化的打造并不只是空间上的打造，还包括品牌元素的延伸。比如打卡胜地，麦当劳的概念店，黑灰色的开放式空间设计，加上大面积的金属材质加持，给食客一种新鲜的、未来的设计感。

第三，提升售后及服务质量，提升用户新鲜感。售后及服务从本质上来说，是给消费者更优质的体验感和服务。售后及服务的提升，其实也是一个收集消费者需求与不断完善消费者需求的过程。比如，海底捞为什么可以在同类火锅餐饮业突出重围，是因为海底捞解决了关于餐前、用餐时段、餐后的服务问题，为所有年龄段的用户群体（从嗷嗷待哺的婴儿到耄耋老人）提供了细微、主动、贴心的服务，拉近了与消费者之间的距离，打造了强有力的品牌口碑，有效防止了客户流失。

第四，营销方式的改变，激发新的用户。企业可以采用品牌与热门IP联名或者跨界营销组合等方式，加强宣传并激发新的用户。比如，随着国潮文化的兴起，各大品牌也乘着这股东风制造了一波话题，李宁联名IP敦煌博物馆与“国家宝藏”节目，推出了CF溯系列敦煌博物馆联名鞋，吸引了众多对文化性与颜值有需求的年轻消费者的青睐（见图2-4-2）。

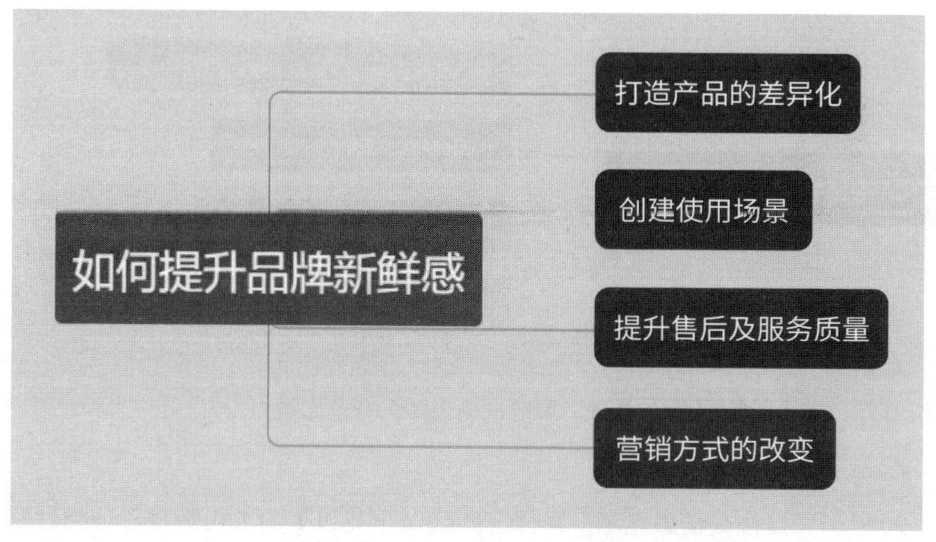


图2-4-2 如何提升品牌新鲜感

总而言之，品牌想要通过打造新鲜感来抓住消费者，保持品牌活力，也是需要下一番功夫和时间的。品牌方需要始终以客户喜好和满意度为基准，不断挖掘产品、场景、售后与服务、营销方式创新等，给消费者提供源源不断的新鲜感，让品牌“活”起来，才能与消费者之间构建更为亲密的关系。

# 5. 深耕下沉市场

所谓“下沉市场”，指的是三线以下城市的市场。当电商大规模出现的时候，下沉市场也成为互联网争夺的主战场（见图2-5-1）。

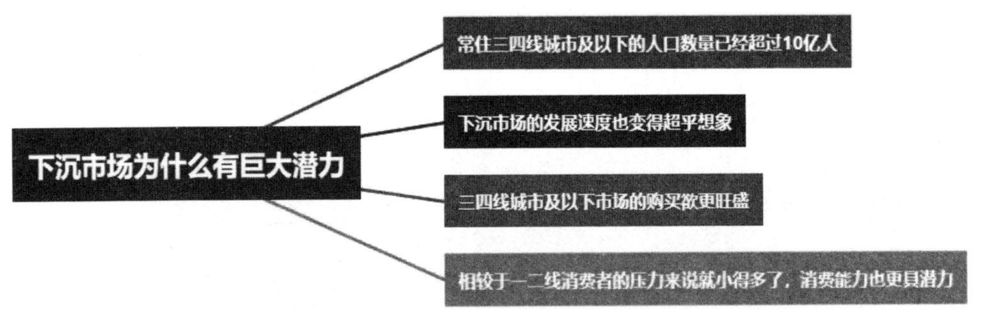


图2-5-1　下沉市场为什么有巨大潜力

2020年人口普查结果显示，常住三四线城市及以下的人口数量已经超过10亿人，占了全国总人口的七成。因此，从消费需求和购买力的角度来看，这些包含2000多个地级市、3000多个县城及4000多个乡镇的潜在客户群会随着交通、技术、互联网等基础设施的不断完善，展现更多的消费潜力和购买力，这就是互联网大数据时代所有行业可能迎来的新机遇。

从发展速度上看，三四线城市及以下居民生活水平不断提高，人们对互联网的接纳程度也越来越高，下沉市场的发展速度也变得超乎想象。以蜜雪冰城为例，通过定位渠道差异化，主攻消费群体放在了三四线城市及以下市场，在2019年就实现了门店破万家，销售额65亿元的红利。

从需求来看，三四线城市及以下市场的购买欲更旺盛。不同于一二线城市的消费群体乐于追求奢侈品或者名牌等高性价比商品，下沉市场则更看重平价商品。也就是说，薄利多销是下沉市场主要营销模式。只要产品质量过得去，下沉市场的消费群体更在意的是价格，而不是品牌。

从消费群体的属性来看，这些用户的工资大概都在3000~5000元，60%的人都有车有房，还不需要还房贷。这样的生活，经济压力相对很小，消费能力也更具潜力。而且，三四线城市及以下的消费群体有更多的时间用于休闲和娱乐，刷短视频、玩游戏、追剧、逛街的时间更多，熟人广泛传播性更强，人们也更愿意为其消费。因此，下沉市场可以专注于餐饮、生活用品、美容护肤、养殖等品类。

由此，不难发现下沉市场具备这样的特征（见图2-5-2）：

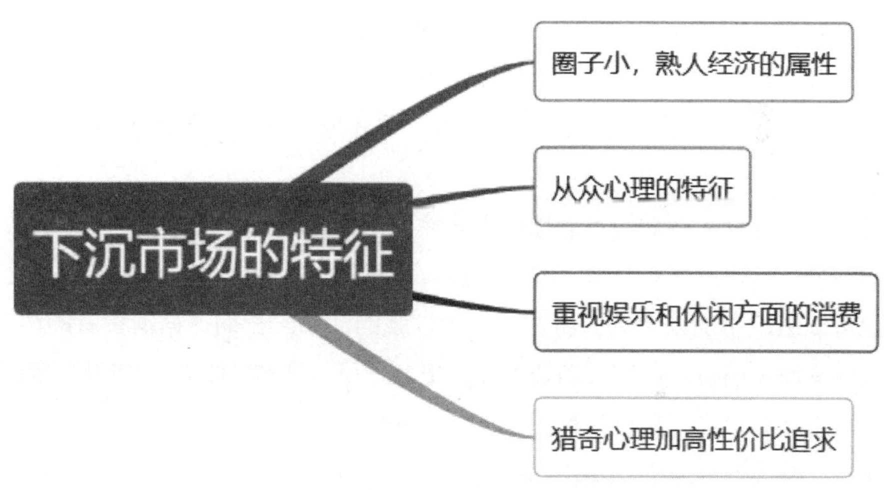


图2-5-2　下沉市场的特征

第一，圈子小，熟人经济的属性。由于三四线城市及以下的市场地域范围相对较小，圈子较小，因此，主要是熟人经济，靠口碑或者用户裂变传播。

第二，下沉市场有从众心理的特征。熟人经济最主要的特点就是周围亲朋好友、同事购买、使用某个品类的商品后，自己会抱着试一试或者“人有我有”的心理跟风购买。下沉市场的消费群体如今也开始注重品牌，大品牌好于小品牌，小品牌好于没品牌。

第三，重视娱乐和休闲方面的消费。不同于一二线大城市人们每天大部分时间被工作和上下班通勤时间占据，下沉市场的消费者一旦休息，有更多自己的时间可以支配，可以用来游戏、聚餐、购物、休闲、娱乐等，甚至可以在晚上十点后充分利用互联网娱乐。

第四，猎奇心理加高性价比追求。人们都存在猎奇的心理，在三四线城市及以下的下沉市场也不例外。消费者会乐于购买没吃过、没见过、没玩过、没用过的新奇玩意儿，如果这些新奇玩意儿的质量和价格也足够吸引人，而且能满足消费者对实用性的需求，那么就会赢得下沉市场消费者的青睐。

如何让品牌下沉，如何让其赶上消费时代的迁徙，是每个企业管理者应该思考的问题。一般来说，企业可以通过以下几个方法深耕下沉市场。

第一，充分发挥社交属性的优势。三四线城市圈子小，营销时可以充分利用自己的社交网络，比如小超市可以把小区业主集合起来，不定期发布商品优惠信息，或者设置会员积分、在线下单、到店核销等方式，增加消费者购买频次。企业也可以利用短视频、公众号、朋友圈宣发广告，或者通过拼团、分销等方式实现用户裂变。

第二，注重宣传活动的互动性与趣味性。企业可以设置一些有意思、互动性强的活动项目。比如，逢年过节，线下店铺、商超可以设置会员抽奖或者积分兑换活动，也可以组织小朋友手绘、游戏等互动性强的活动，长期占据消费者的注意力，从而吸引其前来消费，影响其消费习惯。电商则可以通过“种树”“养花”等长期签到并兑换礼品的方式，提升消费者主动参与的积极性，并产生话题与热度。

第三，从差异化和提升品质下功夫。比如白酒行业的产品，想要实现下沉市场的高占有率，就得从白酒品质、口感、包装上入手，找到适合下沉市场消费的白酒。再如，喜茶在一二线城市线下店铺门店都比较小，但是到了三四线城市门店就会比较大，这便是为了满足下沉市场消费者休闲、聊天、娱乐、喝奶茶的需求。

下沉市场主力消费群体集中在30~50岁的成熟男性与女性，他们有稳定的收入，有消费能力也有时间。品牌如果想要牢牢抓住下沉市场，不妨从这些人群的需求入手。

## 6. 打好品牌“组合拳”

好品牌的打造不是一朝一夕的事情，也不是一件容易的事情。企业想要实现长足的发展，实现从0到1的突破，需要打好“组合拳”（见图2-6-1）。

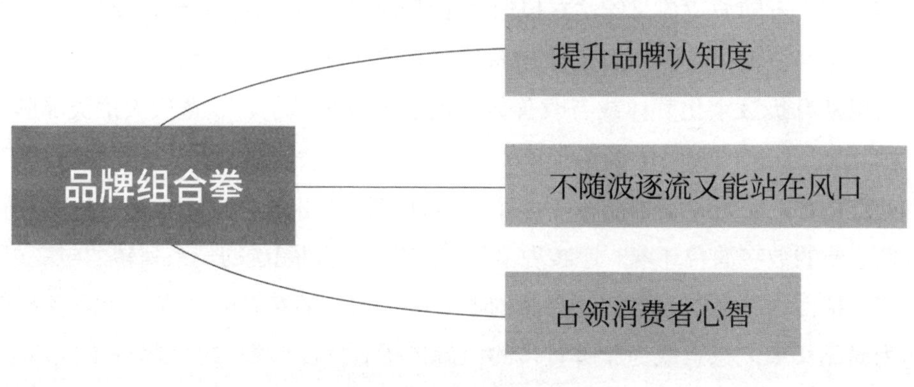


图2-6-1　品牌组合拳

第一招，提升品牌认知度。即从品牌核心竞争力，也就是竞争内力和竞争外力上考虑，是其他品牌的同类产品无法复制和模仿的能力，也是开拓消费市场的强大竞争力。品牌的核心竞争力表现在外力上，是消费者的支持和粉丝忠诚度及市场占有率；品牌核心竞争力表现在内力上，是产品的研发能力、文化底蕴、资本力、创新技术、营销能力和延伸力（见图2-6-2）。

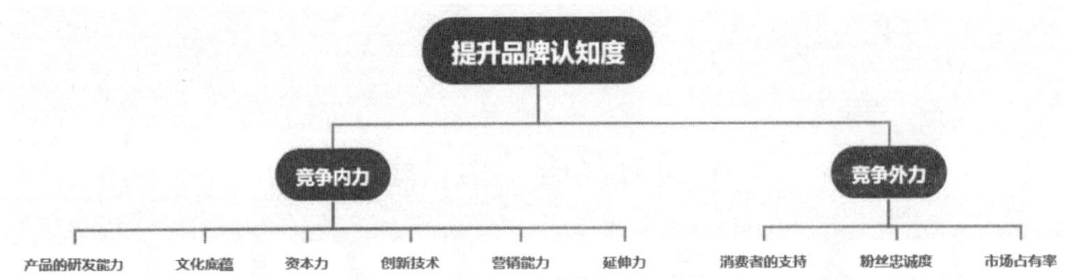


图2-6-2　提升品牌认知度

第二招，不随波逐流又能站在风口。正所谓“站在风口上猪都能飞”，在互联网经济、数字经济的当下，所有企业和品牌都应该抓住这一契机，重塑自己的竞争优势，可以从升级数字化载体或者改善数字化基础设施入手。以餐饮火锅类品牌“锅圈汇”为例，从供应食材的源头工厂入手，与几百家食材供应链厂家积极合作，布局产业链体系。它还从智能化入手，不仅设计了微信下单平台、外卖平台，为消费者打造全新的数字消费环境，还实现了从采购到销售到配送的一系列转型与变革。

第三招，占领消费者心智。品牌的本质就是占领消费者的心智，让消费者愿意主动为商品买单，愿意成为品牌宣传的口碑传播者。品牌要占领消费者的心智，可以尝试这些做法:首先，产品给人惊艳的感觉，产品要有颜值有品质，让消费者愿意为其花钱消费。毕竟只有经得住消费者体验，能够牢牢抓住消费者的心的产品，才会引发口碑传播裂变。其次，消费者作为商品的购买者、使用者，更多的时候也是商品研发与生产的参与者，因为产品从原材料采购到生产出来，再到使用和广告宣传，都是基于满足消费者个性化需求，避免与同类产品雷同。最后，有好听的名字和让人眼前一亮的LOGO设计。好的品牌不仅名字要突出产品特征，而且要容易被人记忆，自带传播属性，比如“美团”“小罐茶”“飘柔”“立白”等。好看的LOGO能够给人醒目的感觉，可以一下子吸引消费者的目光，还能增加消费者对产品的认可度。

总之，品牌定位与发展应该是一套“组合拳”，强化品牌内涵的同时，还要让产品不断适合客户变化与市场的变迁，实现品牌的价值提升。

软实力篇

# 第三章 像客户一样思考

## 1. 细微之处见品质

在产品同质化严重的时代，企业想要在市场上赢得发展，就必须从细枝末节的服务上抓住消费者的心。如果一个企业连细节都做不好，消费者凭什么信任你，还要购买你的产品呢？惠普的创始人戴维·帕卡德曾说：“小事成就大事，细节成就完美。”这句话在企业发展和服务管理上同样适用，在服务管理中必须做好细节服务，从细节上完善服务质量（见图3-1-1）。

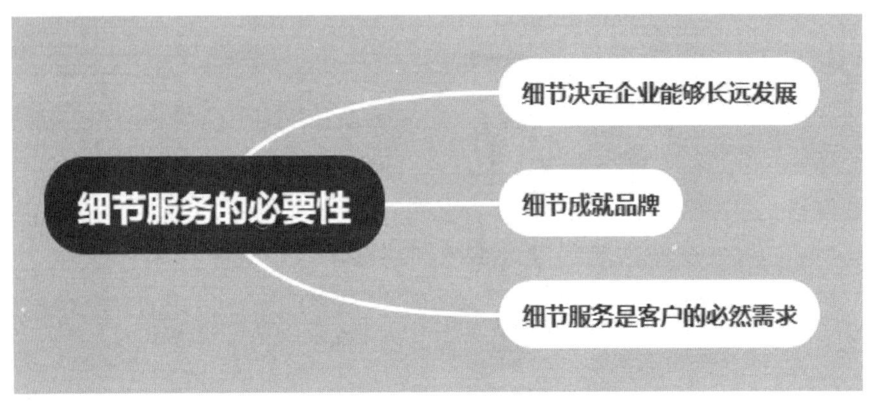


图3-1-1　细节服务的必要性

首先，细节决定企业能够长远发展。没有哪个企业只是贩卖产品的，服务是亘古不变的话题，尤其是身处产品越来越丰富化的大饱和经济时代，除了传统的售后服务，更提倡通过细节服务来提升客户满意度。企业精准锁定客户消费群的同时，真正把握消费者的需求及喜好，才能不断提升自己在细节方面的服务，从而赢得消费者的信赖。

其次，细节成就品牌。细节服务可以给客户留下更深刻的印象，也可以最直接地向客户表达诚意，而且细节服务更有助于口碑传播，也更容易产出效益和利润。

最后，细节服务是客户的必然需求。很多时候，客户对产品及其服务都有一定的期许，尤其是在特定环境或者场景下，消费者是花钱买产品、买服务，自然从心理上渴望自己的需求被满足。从细节上满足客户，并不是满足客户所有期望，而可能只是满足一个点、一句话、一个细节。

无论任何企业和品牌，想要长远发展，就必须重视服务。企业可以通过细节化的服务，提升客户满意度，增加回头客。

第一，一个微笑、一句问候打动客户。其实，很多时候客户在意的就是细节，比如一句问候、一个微笑、一个及时的回复，甚至说话的语气、热情周到的态度、简单的赞美，都可以让客户感到自己被尊重和重视。

第二，专业知识、技能上给客户高品质的享受。消费者在使用商品的过程中遇到问题，如果售后人员可以及时给出专业的解决办法，而且耐心地回答消费者的问题，消费者必然会非常满意。企业若想培养出优秀的员工，就要尊重自己的员工，为员工提供良好的福利待遇，使员工乐意为企业付出，愿意对客户表示尊重。除此之外，企业还需要构建完善的培训机制，为提升员工的素质创造条件，提供环境支持和帮助。

第三，积极沟通。这样不仅可以最快拉近与客户之间的距离，也可以更直接地了解客户真正的需求，找到解决问题的突破口。

第四，展现人文关怀。从细节做起的服务，就是给客户传递温暖。

企业只有把服务的品质体现在细节上，才能真正满足客户需求和愿景，才能真正提升客户满意度，才能真正让客户主动与企业及品牌保持长期关系。

# 2. 危急关头守住承诺

随着全球经济化进程的加快，同类产品之间的竞争越来越激烈，有些企业为了追求高利润，不惜使用劣质的原材料，这为企业日后的发展埋下了祸根。身处信息化时代，网络的发酵和传播速度是惊人的，一旦企业或者产品被消费者曝光存在质量问题，会迅速引爆网络。在危急关头，企业必须勇于承担社会责任，守好自己的承诺，并给予消费者一定的补偿（见图3-2-1）。

图3-2-1　企业危急关头怎么办

早在20世纪80年代，美国疾病控制中心曾经对公众发布提示：一种妇女月经期暴发的疾病可能会在短时间内迅速蔓延，甚至可能存在致命的危害。这时各种媒体开始争相报道和分析事情的真相以及病毒可能的源头。瞬间“一石激起千层浪”，有媒体猜测是女性使用的卫生巾出了质量问题，还主观臆断这些卫生巾使用的原材料可能受到了严重污染，导致部分女性使用过后产生严重中毒，甚至出现休克致死的情况。

面对危机，卫生巾老品牌丹碧丝迅速做出了反应，不是对未经医疗权威机构正式认定的媒体议论感情用事，而是加大广告投入，还安排专人接听来自消费者、新闻媒体的质疑。由于处理得当，丹碧丝化险为夷，保持销量的同时吸引了新的客户。

汽车巨头三菱公司的一款车辆常出现制动系统问题及发动机引擎盖故障。三菱公司对此没有采取回避的态度，而是本着对消费者负责的态度来主动处理危机，立刻召回所有已经售出的帕杰罗，并提供免费检测、免费维修等服务。虽然，表面上看三菱为此付出了高额的代价，但是这一举动赢得了消费者的信赖，很多消费者认为三菱是负责任的良心企业。试想，如果三菱采取的是逃避，甚至在媒体面前否认自己车辆的发动机引擎盖或者制动系统有问题，消费者的信任危机可能会导致三菱面临灭顶之灾。对于汽车企业来说，消费者的人身安全问题最为重要，一个不愿意对消费者生命负责的企业，无论曾经多么优秀，消费者最终都会抛弃它。

越是处在危急关头的时候，越是能够体现企业是否能够守住对消费者的承诺，是否能够站在消费者的角度思考和解决问题，并作出补救措施，化危机为契机，因势利导。

## 3. 快速应对突发事件

遭遇重大突发事件，如何快速应对及处理会影响企业的长远发展。毫无疑问，突发事件在一定程度上会影响企业决策及年度规划，因此，企业必须对突发事件有明确的认知，同时做好风险管控和战略规划调整。

对于企业来说，什么是突发事件？突发事件一般是指自然灾害或者突发公共卫生事件，比如地震、暴雨、泥石流等以及“非典”、新型冠状病毒等传播性很强的突发公共卫生事件。这类事件很可能影响企业生产及销售，尤其对电力、交通、旅游、食品生产等行业的影响比较大。人为因素导致的错误操作或者技术故障引发的破坏性事件也属于突发事件，会引起生产中断，或导致员工生命安全受到威胁，比如交通事故、大规模断电、停水、断网或者安全生产事故等（见图3-3-1）。

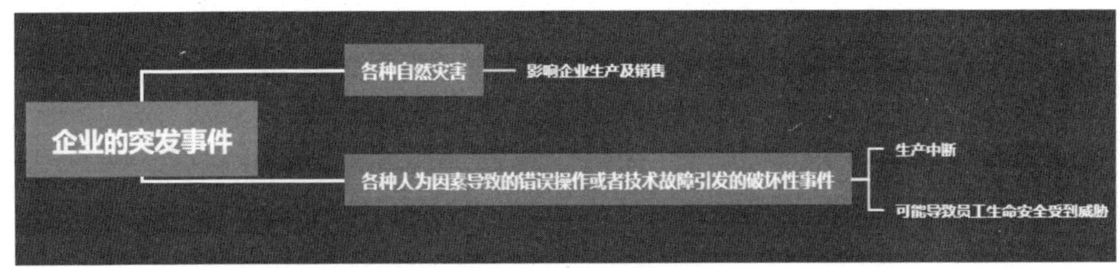


图3-3-1　企业的突发事件

面对随时可能出现的突发事件，无论是企业还是管理者都应该做好充分的准备和预案，多种措施并举做好应对（见图3-3-2）。

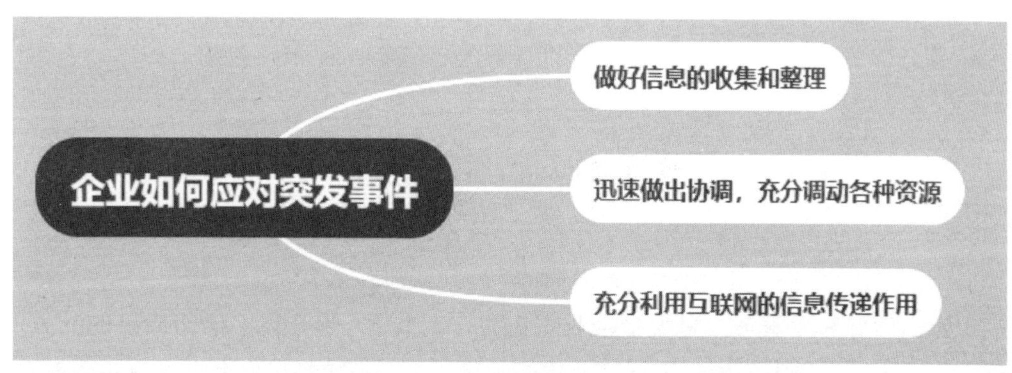


图3-3-2 企业如何应对突发事件

第一，做好信息的收集和整理。一旦突发事件发生、发酵，各种不同声音、评论就会纷至沓来，企业需要做的就是从大量的信息中去伪存真，筛选出真实信息并对事件进行有效梳理，分析事件的起因、经济、社会环境、技术因素、法律条件等，还要分析事件发生的内部因素，比如信誉、财务、流程、研发能力等，明确企业的态度及应对措施。另外，企业对于突发事件的描述，对外要做到及时、客观描述，不要带着个人情绪或者态度，对于企业内部员工，要做到及时调查、反馈。当然，企业也应该充分考虑突发事件可能引发的公众或者员工的情绪变化，积极引导正向情绪发酵，避免产生紧张、恐慌的情绪，积极维护企业正面形象。

第二，迅速做出协调，充分调动各种资源。突发事件的发生对任何企业及其管理者来说，都是一种危机考验，最重要的是迅速协调和调动各种资源。遭遇突发事件，企业应该立刻召集各部门相关主管，召开紧急会议，作出部署安排，积极获取各部门主管的信息反馈，充分做到对外保持口径一致，尽最大可能争取理解与认同，做好各部门的协调。突发事件发生的初期可能涉及资源的调配，管理者要想办法减少或者降低对企业经营的冲击，把所有负面影响降到最小程度。

第三，充分利用互联网的信息传递作用。互联网对于信息的传递和传播起着举足轻重的作用和意义，如果企业能够利用互联网做好突发事件的沟通、跟进、审核及反馈，那么即使远程沟通、互动与交流，也可以做到信息的快速、便捷传递。

经济环境瞬息万变，企业要面对的自然、社会、经济、舆论等不可控的因素很多，突发事件的产生可能影响企业的信誉及生产、销售，如果突发事件得不到及时快速的处理，一旦朝着负面的方向发酵，极有可能给企业造成“致命的伤害”。

# 4. 理性对待客户投诉

如何做好客户服务，是很多企业面临的一大难题。客户除了看重商品的品质，也非常在意企业是否能够提供真诚的售后服务。企业要想长远发展，就要获取更多的客户。如果企业不能保证自己的售后及服务质量，自然难以留住客户，也自然难以获得长远发展。

那么，引发客户投诉的具体原因有哪些呢（见图3-4-1）？

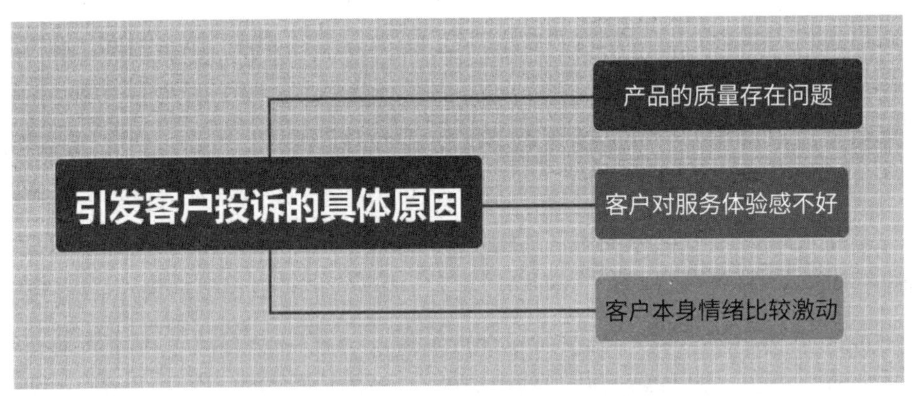


图3-4-1　引发客户投诉的具体原因

第一，产品的质量存在问题。客户购买产品的基本前提是认为该产品能够满足自己的需求，产品质量是过关的。但是如果使用后，客户发现产品质量是有问题的，而且出现故障的频率还很高，那么客户从内心就会对产品失去信任，也会心生埋怨，进而产生投诉。

第二，客户对服务体验感不好。很多企业售后服务人员在被客户投诉后，最直接的反应就是情绪比较激动，然后会与客户发生争执，致使不仅问题得不到解决，还引起了客户的不满。有的售后服务跟进效果不佳，没有及时回复或者跟客户解释清楚情况，导致情况变得更糟。

第三，客户本身情绪比较激动。有的客户不论客服怎么解释，都不能扭转其对产品功能的误解，而且情绪一直很暴躁。

企业想要得到长足的发展，保障源源不断的客户，应该理性应对和处理客户的投诉。以下是处理客户投诉应该掌握的一些技能。

第一，给客户发泄怨气、怒气的机会。客户对产品质量及服务不满意，有不满情绪是非常正常的事情，售后服务人员首先应该学会认真倾听，找到客户投诉和生气的原因，分析客户具体是哪里不满意，理性接纳客户的投诉和抱怨，引导客户说出对商品不满意的地方，然后表明自己客观处理问题的端正态度，让客户感受到满满的诚意，及时提出可以解决问题的方法。如果遇到不能及时解决的问题，售后服务人员也应该及时做出承诺，直到客户满意为止（见图3-4-2）。

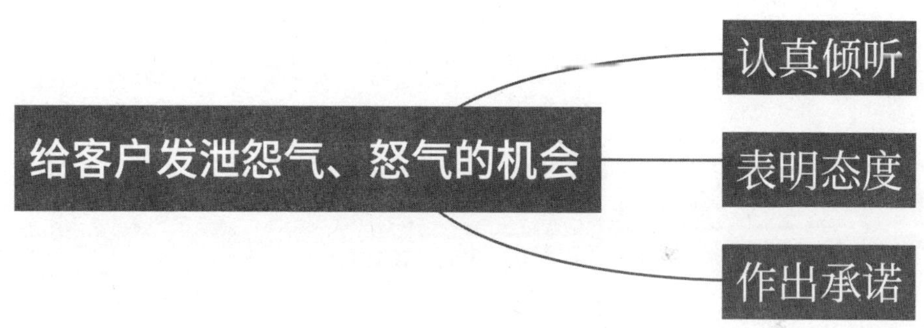


图3-4-2　给客户发泄怨气、怒气的机会

第二，委婉拒绝或者否认客户的观点。当客户急于证明自己的错误想法是正确的时候，有点自负的成分时，售后服务人员可以先澄清解释，再引导客户提出异议及自己的想法，尽量不要直接否定客户，可以采用“是…… 而”或者“除非……”的句型。

第三，主动认错，灵活处理。售后服务人员先承认错误，容易得到客户原谅和理解。反之，推卸责任会给客户一种不负责任的感觉，甚至可能导致矛盾激化。“灵活处理”就是处理投诉不拘泥于条条框框，要学会随机应变。比如，通过部分退款或者赠送小礼物的方式，可以平息客户的愤怒，解决这次投诉。这虽然会给企业带来一定的经济损失，但是这种损失是可以控制的，也是在预算范围内的。

第四，主动向上级反馈汇报。比如有的投诉超出售后服务人员所能解决的职责范畴，或者不能确定客户提出的诉求是否合理合法，无法及时给予有针对性的解决方案时，售后服务人员应该主动向上级反馈，并向客户解释清楚。同时，售后服务人员向上级汇报时，切不可加入主观情绪，导致传递的信息有误，进而激化矛盾。

第五，积极完善后续跟进服务。在完全解决客户投诉之前，售后服务人员要及时跟进，与客户及相关工作人员保持联系，及时跟客户解释事件的进度，避免客户误会投诉无人管。

总之，企业在面对客户投诉的时候，需要理性应对，应该先稳定客户的情绪，并对投诉进行科学合理的跟进和处理，以免客户对企业及产品口碑产生不好的印象。

# 5. 追求极致服务

极致化的服务是指企业追求效率和产品品质及利润的全面平衡，在同类产品同质化严重的情况下，真心实意对待每一次与客户的沟通联系，把每一次与客户的服务都做到极致，充分体现了精细化服务的“匠人精神”。例如，海底捞便因采用极致化的服务而获得众多客户的喜欢。客户在等待就餐时，海底捞会在等候区提供免费Wi-Fi、零食、水果、饮料，甚至还会送上扑克牌和跳棋。客户就餐过程中，只要看到客户带着宝宝，服务员就会贴心送上各种小玩具，还可以帮忙带娃；看到客户打喷嚏，服务员会主动送上暖胃姜汤，连女生最爱的美甲、按摩、给手机贴膜等服务都贴心无偿送上…… 总之，海底捞时刻秉承服务至上的经营理念，而这一理念也令其获得了良好发展。

极致的服务是产品过剩时代取胜的法宝。企业可以通过设计极致化的服务体验，提升产品价值，抓住更多的客户的同时，争取更多的利润。

那么，企业如何才能打造极致化的细节服务，让客户选购自己的产品或者服务呢？

极致化的服务体现在细枝末节上，需要把企业长远占领目标与客户需求与愿望、现实情况达成完美契合。

第一，客户永远是对的。其实，这句话有个前提，即企业和品牌只有找到适合的客户，客户才能永远是对的。这是因为适合的客户可以理解产品的设计理念和价值主张，也明白企业为此做出的所有承诺和服务，这样的客户可以支持企业产品价值链接。有研究显示，获客成本是留住现有客户成本的五倍甚至十几倍，多留住5%的客户能提高至少四成的利润。也可以这样理解，所谓“客户至上”，关键是找到合适的客户、忠诚的客户，这样的消费者往往擅长重复购买，也往往会成为交易潜力巨大的客户群，这也是企业需要把广告营销成本和服务力量集中分配的地方。

第二，取悦客户很重要。麦肯锡曾做过一个调查，那些在银行存款的客户，超过80%的客户体验到了优质的服务后，会主动继续存款或者购买其他基金产品。也就是说，取悦客户，可以让客户对企业和产品产生好感，这从一定程度上加强了与客户的情感联系，甚至会改变客户交易后的消费体验，这也是一种客户价值的实现。而且取悦客户，能够带来免费的口碑传播宣传效果。而良好的业界口碑，无疑是企业长远发展的助推力，靠着企业极致化服务的口碑传播，可以达成更多的第一次交易。而且，让客户开心也可以给企业争取进步的空间，比如产品品质存在一定瑕疵，但是企业改进服务设计后，让客户感觉被尊重和重视，也就给第二次购买赢得了机会，同时也赢得了客户的宽恕和信任。

第三，效率和简洁的结合。极致化的服务，一定是企业经过精心设计的，一定是用心传递的，是不以牺牲消费者时间和金钱为前提的。简洁与效率就是讲求精益消费，通过效率最大化和最少的麻烦，实现客户对产品及服务价值最优化的体验。对于企业来说，时间和效率就是金钱，对客户来说也是一样的，如果企业能够提供可以帮助客户节省时间和金钱的服务，那么赢得客户的青睐和支持将会是必然。

第四，提供一致的体验。随着互联网经济的持续发酵，消费者购买商品可供选择的平台和渠道越来越多。很多企业把客户分成互联网客户、实体店客户、移动分销客户等，这样会给客户一种被区别对待的感觉，尤其当同样的产品和服务在实体店和网络平台的价格区别较大时，客户会感觉自己成了“冤大头”。企业应该给客户提供一致性的服务体验，无论什么渠道、平台获得的服务都是一样的，都应该向客户展示始终不变的服务态度。

第五，需要不断自我更新。这种更新不仅包含产品的更新迭代，还应该包含服务上的创新和升级。比如，在原有客户群中细分出不同类型的消费者，开发新产品、新市场和新客户，在基础服务上升级新功能。说得透彻一点，客户与企业的关系不仅仅是单纯的买卖关系，更像是一种合作伙伴关系（如图3-5-1）。

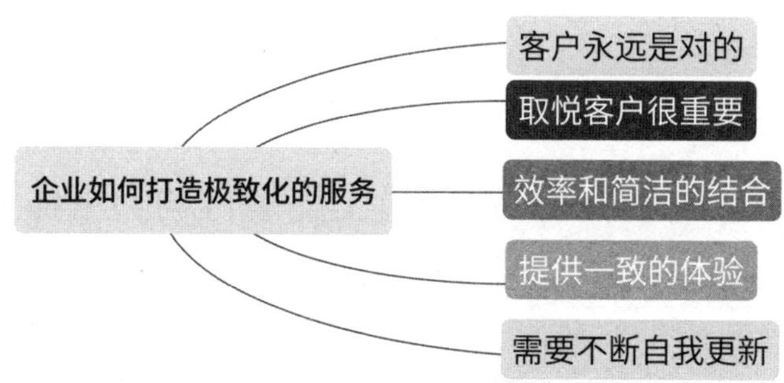


图3-5-1 企业如何打造极致化的服务

企业要想从服务上真正赢得客户支持和信任，就需要从成就客户角度出发，为客户提供极致的服务，从细节上满足客户，这样才能获得长远发展。

## 6. 成就客户，每个员工都是行动的主体

成就客户，从字面上可以理解为重视客户，以客户为中心。具体来说可以这样理解（见图 3-6-1）：

图3-6-1　所谓“成就客户”就是以客户为中心

客户没有大小之分。企业的服务部门绝不能“势利眼”，不要觉得有些客户没什么油水，就故意轻薄对待或者爱搭不理，也不要总是把大客户的订单时间往前赶，将小客户的订单延迟处理。成就客户是不分客户大小的，而应抱着“选用育留”的心态，把小客户发展成大客户，让小客户、大客户都得以成长。如果企业总是抱着挑选客户的心态，恐怕很难做大做强，也很难帮助客户成长，很容易被同行其他企业所取代。

客户没有新老、亲疏之分。人际交往中有亲疏远近或者喜怒爱憎很正常，但是在工作和服务中不能这样。企业对待客户，一定要做到“一碗水端平”，认真、真诚对待每一位客户。如果流程有问题，导致事情进展缓慢，企业就要对症下药修改流程，而不是为了某个客户修改制度或者流程，这种人事上的事故或者特事特办，只能导致企业制度和流程越来越形同虚设。职场上不分亲疏和大公无私是基本的工作底线和素质。

客户没有内外之别。很多企业对外部客户能做到互相成就，也可以以客户为中心，但是对内部客户有时就会有退而求其次或者无所谓的服务态度。实际上，越是内部客户越应该认真对待，因为员工为企业奉献着自己的青春与智慧，企业却区别对待他们，这会让员工感到心寒。

企业想要真正做到成就客户，以客户为中心，关键就要成就客户的主体。客户的主体既包含领导和决策层，也包含基层员工，还包含平行部门（见图3-6-2）。

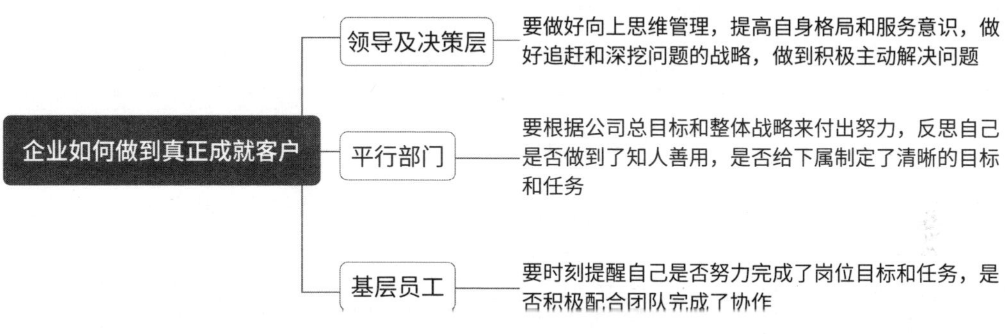


图3-6-2 企业如何做到真正成就客户

第一，领导及决策层。要“成就客户”，领导及决策层就要做好“向上思维”管理，提高自己的格局和服务意识，做好追赶和深挖问题的战略，做到积极主动解决问题。作为主管和决策者，要时刻保持积极主动状态，多问自己缺少什么，是缺少理论还是方法，自己还能提升什么，是否可以通过公司平台或者外部力量实现这些提升。

第二，平行部门。平行部门及其主管不要抱着完成本部门任务目标和工作就可以的心态，而要根据公司总目标和整体战略来付出努力。平行部门作为公司的中层，要反思自己是否做到了知人善用，是否给下属制定了清晰的目标和任务。

第三，基层员工。这一部分群体容易被忽略，但却是成就客户的最主要群体。管理者及中层领导一定不要居高临下，做所谓的孤胆英雄，而是应该学习刘邦把普通员工变成英雄，让其和自己一起打天下。而每个员工要时刻提醒自己是否努力完成了岗位目标和任务，是否积极配合团队完成了协作。

所有员工协同配合才能最终完成目标和任务，才能成就客户，实现利润增长，因为每个员工都是成就客户不可或缺的重要一环。

软实力篇

# 第四章 掌握流量的密码

# 1. 诚实点，客户更愿意相信你

有这样一个故事:杰克是一位刚入职的房地产推销员。一日一对老夫妇来咨询正在热销的一处房产。杰克热情地迎接他们:“您好，请问您二位对新房有什么需求？”两位老人相视一笑说道:“我们现在在市中心有一处自己的房产，但是我们岁数大了，我们楼下的路段每天夜晚都会经过那种十吨的大货车，轮胎碾压路面时都会发出巨大的轰鸣声，连同家里的玻璃都会跟着震动。所以，我俩商量着来郊区购置一套合适的房产。我看现在热销的这处还不错，地处郊区，应该比较安静吧，适合我们这种睡眠比较轻的吧。”杰克没有像其他房产销售员那般顺着老夫妇的话来只说这处房产的优点，反而直接指出了这处房产的缺点。杰克摆了摆手说道:“这处房产从地理位置来说相较于市中心确实没有那么优越，而且周边还有几家大型的机器制造厂，噪声还是存在的。但是这些厂家都可以保证在每天下午五点就结束工作，所以应该不会影响到您的休息和睡眠。”这时一旁的销售主管听了杰克的话皱起了眉头，疯狂地朝杰克使眼色，甚至想好了一套说辞打算给杰克打圆场。这时老者却认可地点了点头说:“说实话我们也逛了很多家房地产公司了，你是唯一一个敢于讲缺点的销售员，正是你的诚实让我觉得很放心。所以，咱们再沟通一下价格，没问题的话我们就准备买下这处房子了。”

这个小故事就是告诉企业和营销人员，做营销时要诚实一点，不能夸大其词，否则会让企业失去客户的信任。企业想要赢得更多客户，想要长远发展就必须坚守诚实营销的底线。那么，企业应该如何做到诚信营销呢（见图4-1-1）？

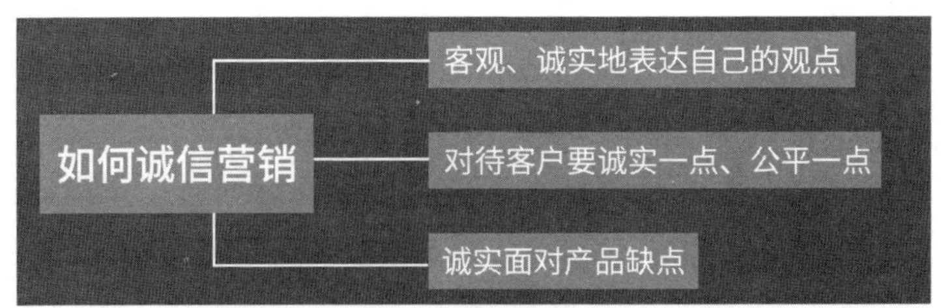


图4-1-1　如何诚信营销

第一，客观、诚实地表达自己的观点。不难发现，客户并不是从见到销售员第一眼或者看过产品后，就立刻对产品、品牌及工作人员产生信任感，而是会抱着观望和将信将疑的态度。这种情况下，销售人员最需要做的就是保持诚实。

销售经理正在面试一个年轻的销售员。经理问道："如果我是一个富裕的农场主，你打算怎么向我推销你的打字机？"销售员回复道："非常抱歉，我觉得农场主的生活、工作几乎用不到打字机，所以我不想骗他购买咱们的产品。"经理兴奋地说："你被录取了，我相信你就是下一个销售冠军！以往的应聘者都习惯于胡诌，而你非常坦诚，这是销售员非常宝贵的品质。"

这位销售经理的观点非常正确。销售员除了具备良好的语言表达和组织能力之外，还应该诚实一点，不能信口开河。虽然销售员要想办法让人购买自己的商品，但是不能鼓动消费者花钱买自己用不上的东西。这样做哪怕消费者购买了不需要的商品，但不会再有后续的交易。因此，从这个角度来说，诚实一点讲出自己的观点，而不是一味地为了交易而吹嘘，是对客户最起码的尊重。

第二，对待客户要诚实一点、公平一点。从人性角度来说，每个人都会产生一个道德的衡量标准，具体表现为自爱、公平、正义、自我约束和同情等，反馈到商品交易活动中就是需要建立在诚信、公平交易的基础之上。从本质上来说，产品买卖就是一种基于信任的交易。当销售员和企业能够客观地评价和介绍自己的产品和品牌，并做到童叟无欺、公平交易时，自然会赢得消费者的信赖。

第三，诚实面对产品的缺点。优秀的销售员不会担心客户质疑自己的产品，会开诚布公地说出自己产品的问题。这样的做法不会"砸自己的招牌"，相反提前给客户解释清楚情况，可以在客户心目中留下诚恳的好印象，为接下来的销售奠定基础。而且，产品的优缺点是可以互相转化的，比如客户觉得产品价格太高，销售可以解释价格高的原因，如采用了最先进的技术，使用寿命也相对较长，操作手法比较简单，而且省电。客户认可了这些解释，便会结合自己的情况，认真考虑是否购买。

诚信对于企业或者销售员来说，更像是第二个"身份证"，传递了一种负责的态度，也是企业赢得口碑的基础。

## 2. 理解客户拒绝的背后意义

在销售的过程中，客户拒绝下单是很常见的一种现象，销售人员要调整好自己的状态，继续提供优质的服务，万不可对客户甩脸子。因为作为销售人员，你并不清楚客户是真心拒绝购买，还是故作试探，所以被拒绝时，销售员要表现得更加平和、淡定和从容。任何成交都不是一蹴而就的，要想成为销售高手，就要在被客户拒绝时坦然面对，然后分析被拒绝的原因，并对症下药找到解决的方法，从而扭转乾坤（见图4-2-1）。

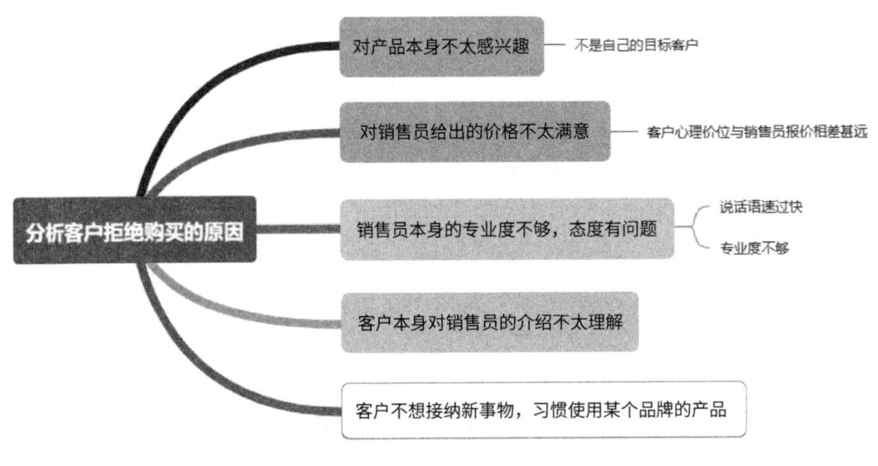


图4-2-1　分析客户拒绝购买的原因

第一，对产品本身不太感兴趣。这个具体指的是，客户对产品本身不感兴趣，不是自己的目标客户。销售人员需要清楚地知道，客户没有强烈的购买需求，不可能浪费时间听你介绍。因此，必须先清楚客户的真正需求，找到合适的产品有针对性地进行推销，销售人员才有可能达成成交。

第二，对销售员给出的价格不太满意。这种情况指的就是客户对产品的价格、价值有自己的定位和认知，而销售员如果报价过高，且远远高于客户心理价位的时候，销售人员如果还刻意宣传自己产品的创新、技术及功能多么优越，恐怕很难促成客户购买。

第三，销售员本身的专业度不够，态度有问题。销售员对产品了解程度以及说话的语气、态度、行为举止，都可能影响客户的购买意愿。比如，有的销售员由于紧张或者性子急躁的原因导致说话语速特别快，这就给不了客户足够的反应和思考的时间，不利于沟通，无法做到让人信服。有的销售人员习惯于降价销售，对产品本身的特点和卖点不够了解，对产品进行营销时，缺乏一定的逻辑和条理，客户听完之后云里雾里。这自然容易导致客户不愿购买。

第四，客户本身对销售员的介绍不太理解。营销的过程中，倾听也是很重要的因素，如果客户对销售员所说的话完全不能理解，那么销售员再强调该产品采用如何高端的技术和原材料，客户也根本不会形成对产品优势的概念性理解。

第五，客户不想接纳新事物，习惯使用某个品牌的产品。有些客户购物时总习惯购买自己用过的产品或者固定购买某些品牌的产品，这些都会导致难以促成新的购买和成交。

作为销售人员绝不能因为客户的拒绝而选择放弃或者退缩，不然成交的机会可能就这样错过了。销售人员应该保证乐观自信的同时，尝试用这些方法来打开新局面。

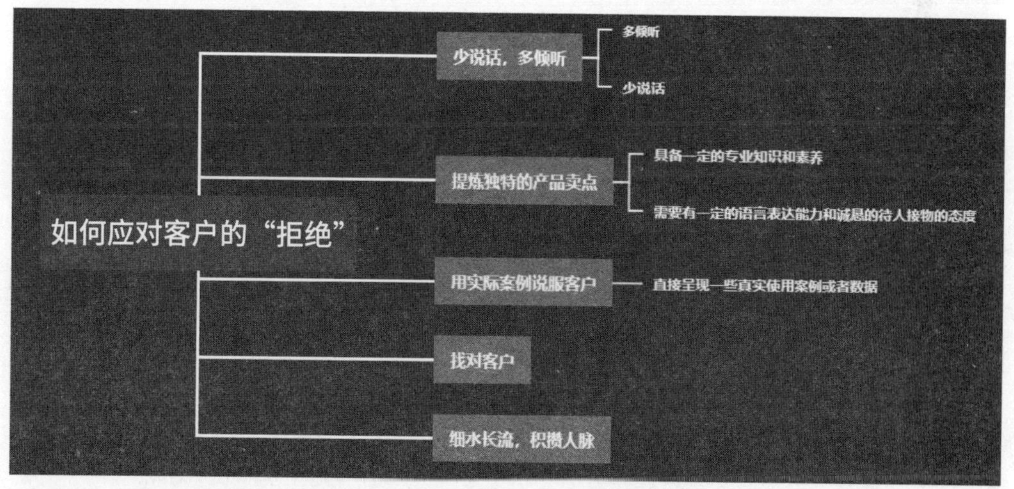


图4-2-2 如何应对客户的“拒绝”

第一，少说话，多倾听。销售员可以尝试换位思考，把自己放在客户的位置，设身处地地去理解和倾听客户的需求和想法，然后从产品能够满足客户需求的点来推销。

第二，提炼独特的产品卖点。这就需要销售人员具备一定的专业知识和素养，也需要有一定的语言表达能力和诚恳的待人接物的态度。所谓“专业知识”，不难理解就是对产品、生产、企业定位、行业地位、同类产品优劣势有一定的了解。这样才能提炼出独一无二的产品与服务的卖点，从而吸引客户，并且与客户需求紧密相连。产品的痛点也需要销售员通过言简意赅、思路清晰的语言来表达，这样才能让客户感受到企业是为了满足自己的需求服务，而不是为了卖产品而营销。

第三，用实际案例说服客户。销售员可以说一些与客户相同状况的使用者使用该产品后的感受。销售员将产品的优势说得天花乱坠，不如直接呈现一些真实使用案例，用数据、结果来反馈产品的价值，把选择权归还给客户，而不是诱导或逼迫客户成交。

第四，找对客户。所谓“找对客户”，就是寻找新的有效的成交客户，老客户介绍的客户或者竞争对手的客户都是不错的选择。同时，还应该做好产品市场分析，精准定位客户群，打造线上线下结合的营销组合拳。

第五，细水长流，积攒人脉。当客户决定不购买你的产品时，销售人员不应该立刻冷脸放弃，而是应该转变自己的定位和角色，让自己成为“顾问”或者旁观者，甚至以朋友的角度，时不时给客户发一下行业或者产品最新动态，让客户感受到自己被重视，让客户看到额外的价值。这样的销售员会给客户一种权威又贴心的感觉，等到客户再有需要时，会第一时间想到你。

销售人员被客户拒绝后也不要放弃，要做好思考和分析，从哪里跌倒就从哪里爬起来，坚持不懈，才能真正促进成交。

## 3. 给客户讨价还价的机会

销售人员面对客户时经常遇到以下这几种情况:

第一，刚报完价格，客户扭头就走，嘴里嘟嘟囔囔:“这定价太贵了！”

第二，报完价格后，客户无底线地砍价。

第三，销售员已经报了底价，但是客户还是觉得有还价空间，继续喋喋不休地还价。

为什么客户喜欢讨价还价呢？一般有这样几种原因（见图4-3-1）:

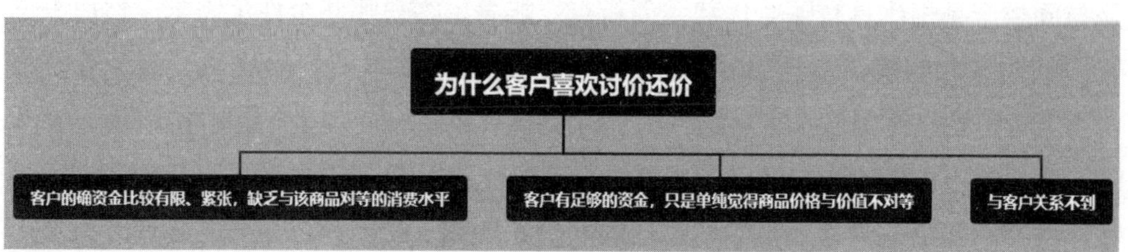


图4-3-1 为什么客户喜欢讨价还价

第一，客户的确资金比较有限、紧张，缺乏与该商品对等的消费水平。

第二，客户有足够的资金，只是单纯觉得商品价格与价值不对等。客户想通过还价证明自己可以买到经济实惠的商品，担心吃亏上当。客户通过不断压低价格，来猜测商品的真实价值和价格，也侧面证明销售员是否在说谎，为自己争取更大的利益，充分满足自己“勤俭持家”的心理需求。

第三，与客户关系不到。当销售员与客户还没建立起信任关系时就直接报价，客户会觉得对方是陌生人，会很没有安全感，所以无论你报价多低，客户都会主观上觉得贵了。

如果遇到这样的情况，销售员可以尝试这样解决（见图4-3-2）:

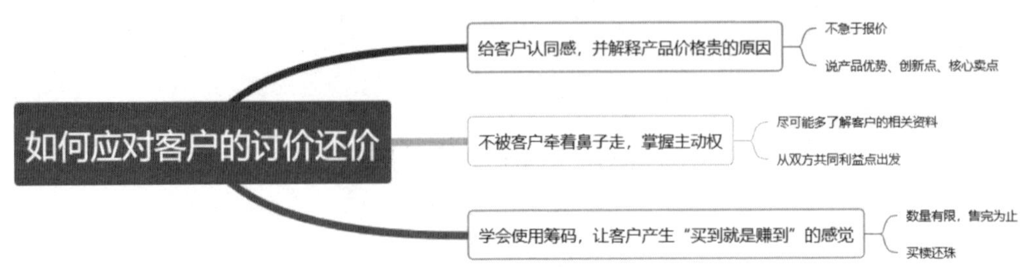


图4-3-2　如何应对客户的讨价还价

第一，给客户认同感，并解释产品价格贵的原因。很多销售员都会错误地认为，为了促进成交，只要客户来咨询，自己第一时间应该报一个不是很高的价格，毕竟价格越低越吸引客户。实际上这样的想法大错特错，这样做只会使自己积累很多低价客户。销售人员应该先把自己产品的核心卖点展现出来，重点表明自己的产品与同类产品相比具有哪些优势、创新点，能满足客户哪些个性化需求，然后根据客户的购买意向报价，再给客户讨价还价的机会，这样更容易成交。因为直接报价，无论价格是高是低，客户都会由于对产品不了解，而觉得产品价格虚高。

第二，不被客户牵着鼻子走，掌握主动权。正所谓“知己知彼，百战不殆”，与客户成交的前提是销售人员明白自己的底价和底线，明白客户想要的是什么，尽可能多了解客户的相关资料。比如，客户想要家装设计图，销售员需要清楚地了解客户的家庭状况，是一家三口还是四代同堂，是需要更多的娱乐空间还是需要更多的存储空间，装修费用大概是多少，这样才能投其所好推荐适合客户的设计风格，从而得到客户信任，促成交易。此外，销售员还应该善于多倾听，多收集客户的习惯、特点，找到双方共同的利益点。从双方共同利益点出发，而不是让客户放弃或者做出让步。

第三，学会使用筹码，让客户产生“买到就是赚到”的感觉。比如“数量有限，售完为止”或者“买椟还珠”，给客户一种稀缺或者高价值感的享受，满足客户心理潜在需求，使其愿意主动为产品埋单。

总之，跟客户讨价还价是一门艺术，销售人员需要掌握一定的技巧，要以销售为主导，尽力降低非理性判断，通过产品价值促进交易。

# 4. 不做一锤子买卖

“一锤子买卖”出自作家老舍的作品《女店员》第二幕:“咱们哪，砂锅砸蒜，一锤子的买卖，我永远不再到这儿来！”意思是与客户只成交一次，特指那些对客户以次充好、态度不好、产品质量不好，只顾眼前利益，不顾整个企业发展的长远利益的交易行为。

善于经商的犹太人从不做“一锤子买卖”。他们认为让客户上当受骗，哪怕只有一次，也会失去信誉。企业如果放任这种“一锤子买卖”的短视行为，终究会导致不合法、不合理竞争以及不规范的经营现象出现。互联网时代，信息的传播速度之快和传播范围之广不可想象，一次“一锤子买卖”被曝光，可能会给整个消费品市场带来致命的打击。因此，企业和品牌想要长足发展，就必须改善和提升服务品质，累积更多的人气，真正把企业做大做强。

理想的营销方式，不是依靠客户一次性购买，而是吸引客户持续性购买，构建持续性、长期营收模式可以采纳这样的建议（见图4-4-1）:

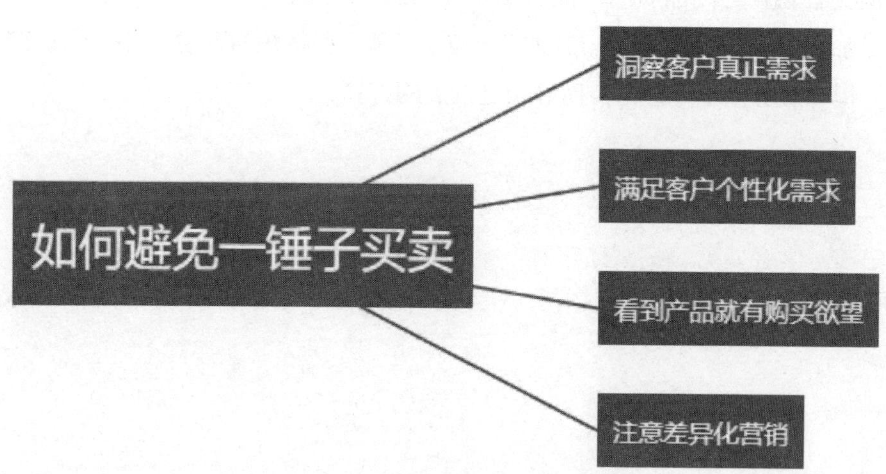


图4-4-1 如何避免一锤子买卖

第一，洞察客户真正需求。任何产品的生产一定是基于消费者的需求，企业需要做好市场调研和分析，去伪存真。考虑自己生产出的产品是给谁使用的，可以满足消费者的哪些方面的需求。

第二，满足客户个性化需求。企业想要增加自己的持续性收入，单靠“坑蒙拐骗”的一锤子买卖肯定不行。这个产品聘用了多知名的明星做其代言人，或者采用多么先进的商业模式，或者使用了多么高端的科学技术，又或者举办了多么高端的新闻发布会，都不是最主要的。产品买回去用不了多久就坏掉了，这样的产品就是失败的。因此，产品必须拥有过硬的品质，能够解决消费者某个需求，并给客户满意的体验感。产品不断升级换代，不断提升这种体验感，才能一直满足客户心中的期待。即使企业或者品牌再推出新的产品或者升级产品，也能得到消费者的支持。

第三，看到产品就有购买欲望。满足客户非买不可的欲望，可以理解为“痒点”，也就是满足客户更深层次的心理需求。比如，广告语“0元购车不是梦”就抓住了刚走上工作岗位的人的“痒点”。很多刚踏出大学校门的工薪族，都渴望拥有一辆自己的汽车，因为这能使上下班变得快捷和方便。

第四，注意差异化营销。企业打造差异化营销，关键是产品要站得住脚，也就是自主研发被市场需求的产品，或者从打造差异化服务入手。比如，售前售中售后如何让客户满意，营销渠道推广上是采用短视频直播还是采用电商渠道，或是实体店铺，都会带来不同的客户群。

消费者愿意为高品质的产品和高享受的服务买单，而且会高频次地重复购买，这就更加凸显了产品品质。与其做“一锤子买卖”获得短暂收益，不如做好产品的同时，提升服务，本分经营，做好长足发展的打算。

# 5. 合理运用趋利心理

趋利心理是指客户面对可能获得的利益，更乐于选择低成本容易获得的机会或者产品。正所谓“两利相权取其重，两害相权取其轻”，消费者购买产品也具备这样的心理，永远希望把风险降到最低，让自己得到最大的实惠。这就是人们常说的“贪小便宜”的心理。

在销售案例中，最经典的利用消费者“趋利”心理的成交案例就是日本夏目志郎把一本英语儿童百科全书的词典卖给了对英文一窍不通的农夫。可以想象，当夏目志郎敲开农夫家的门，农夫得知其来意后有多吃惊。

“我觉得你可能来错了地方，我和我的孩子都不需要学习英语。”农夫说道。

夏目志郎解释道：“父母都是爱孩子的，也都希望自己的孩子生活过得幸福美满，我估计您也有这样的期望吧！现在时代变了，整个世界都互相联通，英语作为国际性通用语言用得非常广泛。作为家长，您是孩子的第一任老师，如果连您都不重视，肯定会影响孩子的学习态度，最终影响孩子的前途。英语虽然作为交流的工具，暂时用不到，但是孩子大学毕业想要找个体面的工作时，如果可以讲一口流利的英语那被录用的可能性就增大了。您肯定不希望他也每天跟您一样辛苦地耕种吧？”

农夫犹豫了一下，但还是觉得让小孩子学习英语有点浪费时间和金钱。夏目志郎继续解释道：“您家也有养狗的吧？您和家人都怕狗吗？”农夫回答道：“刚开始有点怕，时间久了自然不怕了。”

夏目志郎继续说道：“对啊，学习英语也是养成习惯的过程。孩子从小就学习英语，就会早早地对英语产生兴趣，然后慢慢变成习惯，这种自然而然的学习习惯不是很好吗？”农夫越听越觉得买一套儿童英语百科词典不仅很有必要，而且可能改变孩子的命运，最终选择了购买。

从这个案例不难看出，夏目志郎之所以能够成交，就是因为看透了客户“趋利避害”的心理。他在基于尊重客观现实和时代特征的基础之上，把学习英语对孩子的影响和优势进行了充分解释，却避开了农夫的劣势，把握了客户的心理，成交就成了顺其自然的事情。

那么，作为销售人员如何利用“趋利避害”促进成交呢？

第一，让地位高的人和某领域专业人士对产品提出建议和看法。消费者总担心被骗，对产品缺乏认同感，而利用权威给客户一种安心，便可顺利实现成交。比如，可以利用明星或者某领域专家给产品做代言，或者提供具体数据、研究报告、专业机构认证证书等，突出产品的优势，以达到成交的目的。

第二，利用客户的“趋利心理”。让客户充分感受购买产品可以获得的利益，以及可以避免受到怎样的伤害，这样客户会更乐意接受该产品，并且会觉得销售员是在帮助自己发现问题和解决问题。

第三，避免客户“抵触”情绪。客户不了解商品的时候，出现拒绝行为是很正常的，你需要做的是用“社会认同”来建立信任感，激发客户购买欲。比如，销售员可以跟客户说：“您公司的同事有很多都是我们的忠实粉丝，还推荐身边的亲朋好友来购买这款商品呢。”

作为销售员，如果能利用客户的“趋利避害”心理，成交就是早晚的事。

# 6. 价格和话术都应该因人而异

销售人员必须学会随机应变，学会根据客户不同情况，选择不同的话术来沟通交流。针对不同客户进行沟通，销售人员就必须清楚客户是谁，大概属于什么性格，他偏好什么，这样才能把话说到客户心坎上，才能有机会完成交易（见图4-6-1）。

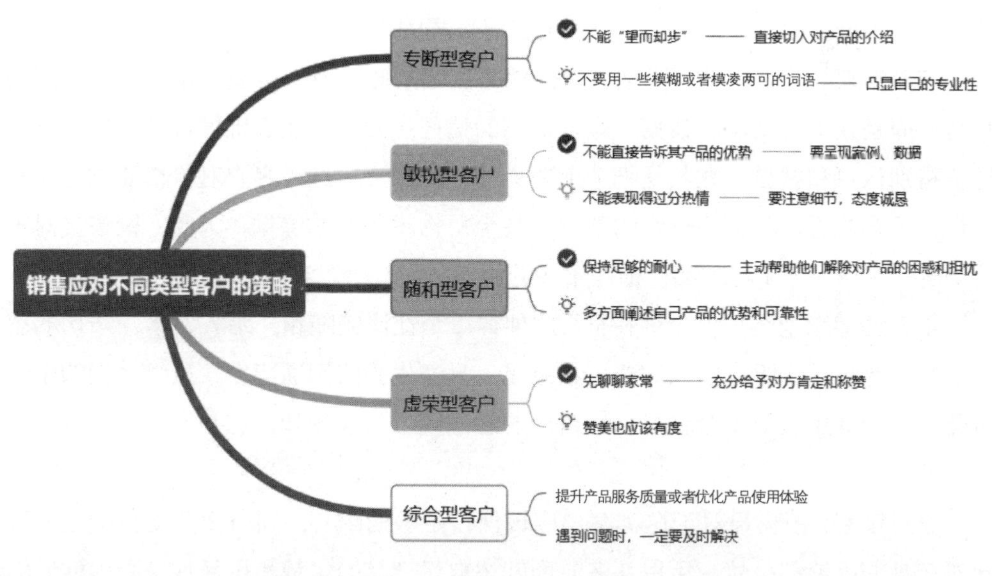


图4-6-1 销售应对不同类型客户的策略

第一种专断型客户。个性特征：这种客户个性比较强硬，工作和生活上都比较自信，做事有自己的主意和判断标准，喜欢主导别人，不喜欢多说废话，喜欢单刀直入做决策并付诸行动。这样的客户如果对产品产生浓厚的兴趣，就会表现出极大的热情和关注度，只要产品品质和价格让他满意，他会很快下单成交。但是，如果他对产品有一丝一毫的不满，也会立刻表现出来，连多说一句话的机会都不会给你，直接拒绝。

应对策略：面对这种专断型客户，销售员首先不能“望而却步”，而是应该做好充分的准备，直接对产品进行介绍，而且介绍产品时不要啰唆，更不要用一些模糊或者模棱两可的词语，语速也尽量快一些，可以多使用一些关于产品的专业术语或者数据，这样容易给客户留下深刻的印象。与这种客户沟通时，应该将产品的独特之处告诉对方，而且要尽量避免跟客户提出相反的观点或者意见，不然很容易让客户感觉不舒服，导致沟通终结。这类客户不太喜欢砍价，因此，销售员可以给这类客户报一个比产品价值略高的价格。

第二种敏锐型客户。个性特征：这种客户心思缜密，注意细节，无论是说话还是做事都比较有计划和条理，责任心比较强，喜欢按照条条框框等计划行事，尤其对数据比较敏感。这种客户一般比较谨慎，不愿意轻易改变，喜欢通过大量案例或者事实、数据来综合评价事物，以保证自己选择的正确性。

应对策略：面对这种敏锐型客户，销售员要耐心一点，不能直接告诉其产品的优势，而是要呈现案例、数据，赢得他们的信任，而且不能表现得过分热情，态度还要特别认真和诚恳，尤其是细节上要更加仔细一点。这类客户对价格要求也比较谨慎，更喜欢价格和价值一致的感觉，甚至是物超所值的感觉。因此，销售员对于这类客户可以报一个与产品价值差不多的价格，而且给予客户一定的还价空间。

第三种随和型客户。个性特征：这种客户个性比较随和，给人友善、亲切的感觉，他们比较乐于听取别人的建议和意见，具备优秀的沟通能力。虽然他们的个性可能会比较敏感，但不会轻易表达自己的想法或者与人争吵，这类客户是最难成交的类型。

应对策略：销售员对于这类客户应该保持足够的耐心，同时要主动帮助他们解除对产品的困惑和担忧，可以从多方面阐述自己产品的优势和可靠性来吸引他们的注意力。这类客户不太喜欢还价，但是又有自己的想法和对产品价格的估计，对这类客户报价要尽量贴近产品底价。

第四种虚荣型客户。个性特征：这类客户最大的特点就是喜欢得到夸奖。

应对策略：针对这类客户，最受用的办法就是介绍产品的时候，跟他们先聊聊家常，构建和谐的关系后，充分给予对方肯定和称赞，满足其倾诉欲和虚荣心。这样，他们才能对你的产品产生兴趣，对成交产生帮助。当然，赞美也应该有度，不要胡乱夸奖，给对方一种不真实的感觉，才能真正达到促进成交的目的。

第五种综合型客户。个性特征：没有突出的特征，比较多变，个性比较圆滑、世故，这种客户的心思比较难猜。销售员如果擅自揣摩其想法，反而会引发其反感，降低成交的基础信任感。

应对策略：针对这种客户，销售员可以把心思主要放在提升产品服务质量或者优化产品使用体验上，真正给客户实惠和周到、细致的服务，尤其是遇到问题时，一定要及时解决，及时跟进和处理。

客户就是上帝，无论客户属于什么类型，成功的销售员都可以帮客户解决问题，并在不夸大商品优点的基础上让消费者心甘情愿地花钱购买。摸清楚客户的心理需求并有的放矢，便能更快地售出产品。

软实力篇

# 第五章 进阶者的优势

# 1. 信息时代的营销创新

随着互联网被广泛地应用，人们的消费方式和思维方式也发生了改变：人们选择网络购物不仅仅是为了贪图便宜和方便，更是深度消费体验的升级；消费者获取产品信息的渠道由最初的报纸、电视、广告扩展到各种多媒体数字传播；物流不仅仅用于逢年过节或者纪念日邮寄投递信件、包裹，而是做到了“全国包邮，无所不达”；各种支付方式和金融服务也随之应运而生。因此，创新营销方式也是满足消费者需求的必需选择。

信息化时代营销方式创新的意义和价值在于（见图5-1-1）：

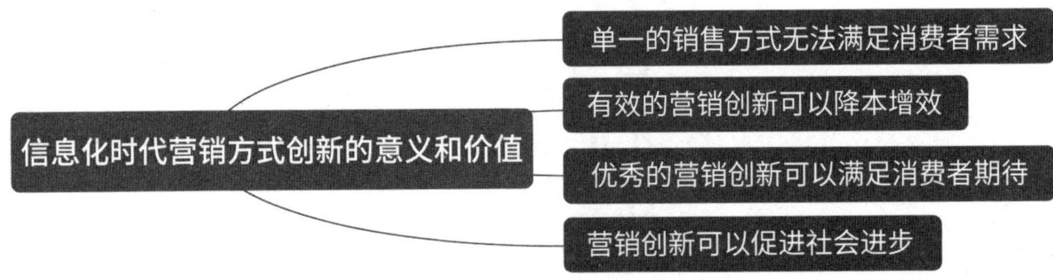


图5-1-1　信息化时代营销方式创新的意义和价值

第一，单一的销售方式无法满足消费者需求。随着产品的数量、类型越来越丰富，商品同质化也越来越严重，单纯依靠一种销售方式已经很难满足市场和消费者的需求，更不能实现企业利润的增加。只有通过营销方式的创新，让更多的消费者认识和了解到产品的优势和特点，吸引更多新的客户群体，才能真正增强产品和品牌的市场竞争力。

第二，有效的营销创新可以降本增效。营销方式的创新，对于企业和产品来说，可以有效降低库存，增加产品销量和销售额，这样企业的成本也就随之大大降低，从而收获更多的利润，有效促进企业的长远发展。

第三，优秀的营销创新可以满足消费者期待。营销创新还可以从一定程度上帮助企业树立更明确的企业形象，提升企业的知名度和品牌价值。合格的营销创新会把产品的性能更精准地反馈到消费者的心坎上，从而满足消费者的期望和需求。

第四，营销创新可以促进社会进步。行业的进步发展和技术革新，会推动整个社会进步和发展，产生广泛的社会效益和经济效益。

企业应该如何进行营销或者销售方式的创新呢（如图5-1-2）？

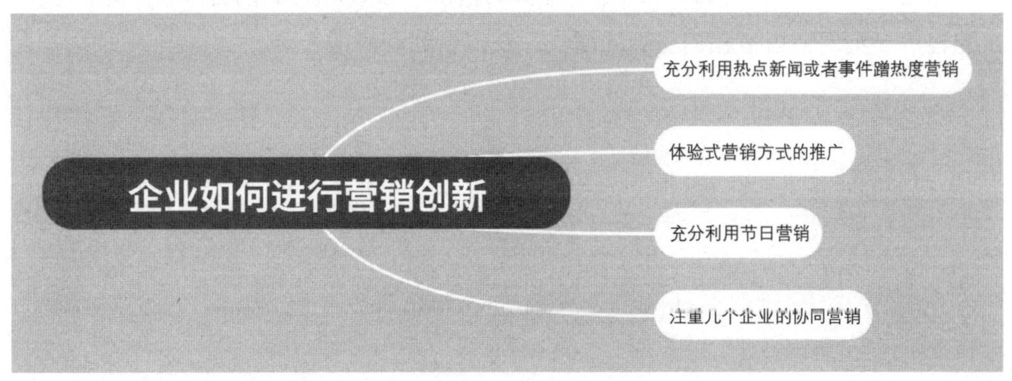


图5-1-2　企业如何进行营销创新

首先，充分利用热点新闻或者事件蹭热度营销。企业可以在不损害社会及大众利益的前提下，通过新闻媒体的宣传、名人广告效应或有影响力的社会事件引发消费者的关注度，提升企业的品牌形象。以鸿星尔克的营销创新为例，在河南暴发水灾期间尽管企业效益一般，仍然捐赠1亿元物资，豪掷5000万元的捐款，使得消费者萌生了支持良心企业的情怀。企业也充分利用这一热点，仅仅3天就创造了1.9亿元的销售额。

其次，体验式营销方式的推广。体验式营销就是通过消费者的感官体验和交互性体验，让消费者切身感受产品的性能和使用结果。这种推广方式不仅给了消费者沉浸式免费体验的机会，也提升了消费者分享的乐趣，更加深了消费者对产品的信任度和认同感。

再次，充分利用节日营销。中国人非常看重亲情、友情、爱情，也就是说消费者非常看重具有特殊意义的节日。因此，企业要做抓住春节、妇女节、劳动节、端午节、中秋节和国庆节等机会做好营销。企业要想清楚如何将自己的产品更好地与这些节日结合，创造一些什么销售场景，让消费者接受和喜欢。

最后，注重几个企业的协同营销。这是指两个及两个以上企业为了共同的目的进行的合作，一般从营销方式、销售目标和理念上都会趋于一致。比如，鸿星尔克与河南博物馆合作，推出联名款T恤，一方面提升了年轻人对博物馆的认知，另一方面也给自己的运动T恤加入了复古和文化的元素。

总之，营销方式的创新可以在不降价的情况下打破现有的销售困境，从而吸引新的客户，实现销售量和销售额的增长，获得新的利润增长点。

## 2. 新事物被认可需要一个过程

任何产品的创新或者新技术的诞生，都需要一个过程，尤其需要一个逐渐完善的过程。也就是说，任何产品的创新或者新技术的诞生都可能存在问题或者缺陷。比如，人脸识别技术作为新时代人工智能的典型代表产物，可以被广泛应用于寻找丢失儿童、安全保障或者防范恶意欺诈等领域。有数据显示，仅在2021年我国已有超过1万家人脸识别的相关企业，而且中国作为人脸识别最大消费国，到2023年使用人脸设备的比例已经达到45％，尤其是无接触访问的人脸识别的确带来了更加高效安全的生活方式。

与此同时，人脸识别的缺陷和弊端随之而来（见图5-2-1）。

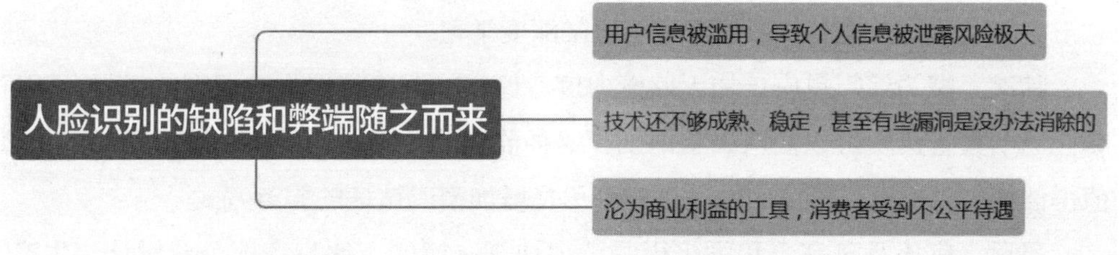


图5-2-1 人脸识别的缺陷和弊端随之而来

第一，用户信息被滥用，导致个人信息被泄露风险极大。人脸识别被广泛应用于各种互联网小程序和App，玩游戏、租房、买房、看房、住宿等都必须先录入人脸。线下人脸识别更是被滥用，商场、小区门口都会装置人脸识别系统，甚至可以追踪到用户的消费记录，而且是在用户不知情的情况下获取的。市场上人脸识别产品质量参差不齐，安全防护技术还没做到统一标准，导致个人安全信息被泄露案件频发。有的不良商家甚至会把用户个人人脸信息以超级低廉的价格主动售卖给别有用心的人。而人脸识别不同于密码，是无法随意更改的，一旦泄露对于财产和人身安全都存在极大的隐患。

第二，技术还不够成熟、稳定，甚至有些漏洞是没办法消除的。有些犯罪分子利用“AI换脸”技术，生成动态视频，就可以轻松骗过人脸识别检查核验真假的机器，窃取或盗用用户个人信息，非法入侵或者攻击银行账户。这无疑反映出人脸识别技术存在的缺陷——人工设计的人脸提取方法，是建立在匹配模板和采取人脸五官各项几何特征基础上的——这种传统算法本身就存在缺陷，而且环境复杂多变，容易产生误判。

第三，沦为商业利益的工具，消费者受到不公平待遇。很多房企开发商会通过人脸识别系统识别消费者是不是首次看房，并提供了不同档位的折扣，差价高达几十万。

当然，人脸识别作为新生事物有缺陷是很正常的，这给企业提供了改进技术的空间，也为其他法律及监管部门敲响了警钟。

首先，突破技术壁垒，加强防伪科技很重要。企业应该从软件和硬件两方面进行技术突破：企业在硬件方面应该采用高精密的光学镜头保证识别的精确性，也应该采用更高端的半导体成像器件，让人脸识别真正落地；企业在软件方面应该更专注于如何提升防伪技术，加强互联网框架深度学习。

其次，相关部门也应该加大监管力度。比如，明确使用人脸识别的场景，明确哪些场所具备资质可以使用人脸识别。这种监管的关键就在于审核服务提供商是否值得信任，对于低信任度的服务供应商尽量增加密码认证的服务方式。

最后，应该及时完善和细化相关法律法规。比如，逐步完善企业设计、生产、销售人脸识别设备的规范，人脸数据的采集和市场准入、数据保存期等，逐渐推进个人对于人脸信息控制权和删除权。

总之，企业自主创新研发新技术无可厚非，而且值得提倡，新技术存在漏洞与缺陷也实属正常，出现问题就应该努力解决，然后想办法对其进行完善，这样才能使其得到发展，让企业在未来发挥更大的潜力。

## 3. 推进“产改进行时”

改进产品的生产方式，即产品工艺的创新，也就是企业通过研究新的技术、手段和方法，提升生产产品所需要的技术、质量和效率，尤其是提升从生产工艺研发到生产制造环节的效率。

企业产品工艺创新的价值体现在（见图5-3-1）：

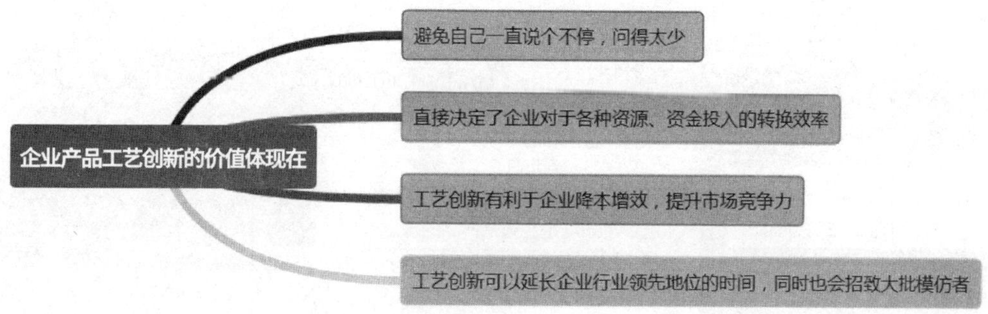


图5-3-1 企业产品工艺创新的价值体现在

第一，避免自己一直说个不停，问得太少。忽视工艺创新可能导致产品因为质量、技术先进性、使用性能、价格等因素而被市场自动淘汰。企业的生产成本一直降不下来，最终会影响产品的市场竞争力。相反，如果企业在产品生产工艺的研发和创新上投入精力和资金，产品的技术和质量都会更符合市场和客户需要，企业便可以长时间存活下去。

第二，直接决定了企业对于各种资源、资金投入的转换效率。以气凝胶工艺为例，虽然这是一种质地轻盈，具有防潮隔热、吸附灰尘、隔离声音等优点的原材料，而且在建筑、汽车制造、航天领域被广泛应用，但是其制造成本高昂，产出率很低。很多企业都致力于对这种气凝胶工艺进行创新，最终降低了成本，提升了生产效率，使其应用领域得到了更广泛的拓展。

第三，工艺创新有利于企业降本增效，提升市场竞争力。无论是引进先进的设备还是改进生产工艺进行工艺创新，都会带来生产效率的大幅度提升，推动产品生产越来越规模化、科学化、产业化、集成化、商品化，实现更大的利润空间。反之，如果企业生产设备落后、工艺陈旧，企业产品很难有市场发展空间，市场竞争力自然就很差。

第四，工艺创新可以延长企业行业领先地位的时间，同时也会招致大批模仿者。虽然企业生产产品可以申请专利，但是专利具有年限，一旦失效，就意味着行业垄断的失效。工艺的创新则可以改变这种情况，因为生产工艺和过程比较复杂，即使出现模仿者，自己的产品和技术在一段时间内也是独一无二的。

具体来说，企业应该如何进行产品的工艺创新呢（见图5-3-2）？

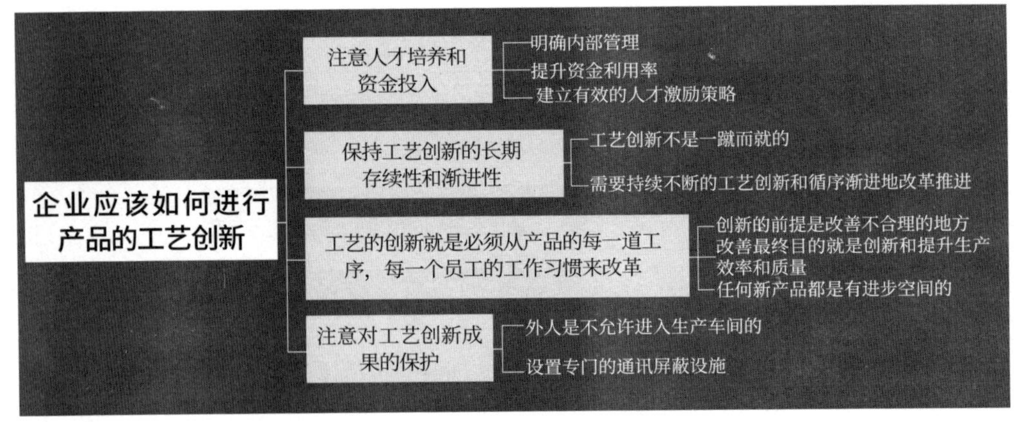


图5-3-2　企业应该如何进行产品的工艺创新

首先，注意人才培养和资金投入。企业需要注意对工艺创新资金的投入，加强企业内部资源和人才的管理力度，只有这样才可以提升资金利用率。企业也可以通过人才激励制度，吸引更多的有识之士和专业人才入驻。

其次，保持工艺创新的长期存续性和渐进性。产品的工艺创新不是一蹴而就的，而是需要企业持续保持稳定的改进和循序渐进的变革。比如，企业投入新的生产系统或者信息处理系统，不能一遇到问题就放弃或者中断这种创新，否则只会让企业白白耗费精力和资金，导致采用的工艺与实际企业生产环节脱节。

再次，工艺的创新就是必须从产品的每一道工序，每一个员工的工作习惯来改革。创新的前提是改善不合理的地方，改善的最终目的是创新和提升生产效率和质量。也就是说，任何新产品都是有进步空间的。如果有人说没有进步和改善的空间了，那么只能说明这个人懒惰和懈怠了，而不是工艺真的不能创新和改善了。

最后，注意对工艺创新成果的保护。比如，在新产品生产投入市场之前，外人是不允许进入生产车间的，更不能允许竞争对手参观厂区。企业还可以设置专门的通信屏蔽设施，防止新技术、新工艺被员工外泄或者遭到竞争对手窃取。

无论是中小型企业还是大中型企业，产品生产方式的改进都势在必行。产品生产方式的改进可以在减少浪费的同时，降低成本增加效益和利润，而且对企业文化和员工素质的提升具有促进作用。

# 4. 创新原材料“借力打力”

企业原材料的创新可能存在诸多困难，比如人才的缺乏、原材料创新的研发时间过长、投入资金过多等，这势必会导致企业的原材料创新陷入困境。于是，一些企业索性采用市场认可的旧原料，并依赖于这些旧原料，哪怕从国外引进旧材料也在所不惜。

但实际上，原材料的创新可能会给产品及企业带来新的发展契机（见图5-4-1）。

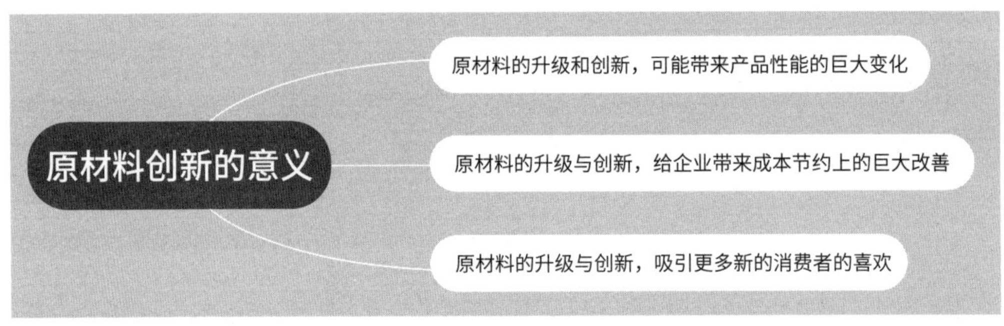


图5-4-1　原材料创新的意义

第一，原材料的升级和创新，可能带来产品性能的巨大变化。悉尼奥运会时，著名的澳大利亚游泳选手伊恩·索普身着一身黑色紧致的连体泳衣亮相，泳衣光滑的质地和肌肤完美贴合，泳池中的伊恩·索普仿佛化身乘风破浪的鲨鱼，一下夺得了3块金牌。这件泳衣的原材料就是利用具有增加浮力的聚氨酯纤维制成的，而且模仿了人类的皮肤和肌腱，具有弹性，可以有效减少水中的阻力。当然，这样的泳衣原材料的升级与创新在体育界存在一定争议，因此该泳衣问世及推广十年后被国际泳联禁止使用。

第二，原材料的升级与创新，给企业带来成本节约上的巨大改善。波音飞机的生产和制造原本采用的是铝合金，后来逐步被碳纤维增强复合材料所替代，成本也随之大大降低。

第三，原材料的升级与创新，吸引更多新的消费者的喜欢。由于年轻人不喜欢茶叶单一的味道，又觉得奶茶太甜不健康，于是很多饮料企业开始在茶叶原材料上下功夫，在传统的绿茶、乌龙茶以及红茶中，添加果干、烘焙谷物、坚果、各种花草香料等，实现了对茶饮料味道、健康、品质的升级，也受到了众多年轻人的喜欢。

企业要想实现创新和升级原材料也需要下一番功夫。

第一，天然原材料的充分利用与升级提取。尤其在化妆品、护肤品和食品领域，随着消费者对健康和纯天然成分越来越青睐，很多企业开始争相研究从植物或者动物、微生物甚至农作物、昆虫中提取一些有机天然成分，追求资源可再生的同时，也可以使商品的成本更低。

第二，采用新工艺或者新技术，进行原材料升级。比如，化妆品中采用“不含酒精，超浓缩，超过滤，超提纯”工艺技术，提取的玻尿酸原材料是不含防腐剂的无菌原材料，这就使得其产品在制作合成过程中不破坏原有配方体系的情况下，还可以制造出无防腐剂的原材料。

总之，原材料的创新是企业发展必不可少的一环，虽然难度大，但是效果和意义却立竿见影。

## 5. 追求更好的商业模式

商业模式是指企业创造利润和价值的基本逻辑。2000年前后，随着数字化经济时代的到来，商业模式这一概念迅速覆盖各个互联网产业。产品交易的本质就是企业售卖商品，不同的行业、企业会有不同的商业模式（见表5-5-1）。

表5-5-1 几种商业模式

| 商业模式 / 主体 | 金融资产 | 实物资产 | 无形资产 | 人力资源资产 |
| --- | --- | --- | --- | --- |
| 制造商 | 投资型 | 制造型 | 研发型 | 贩人模式 1 |
| 经销商 | 金融型 | 批发型 | 服务型 | 贩人模式 2 |
| 经纪人 | 金融经纪型 | 实物经济型 | 服务经纪型 | 人力经济型 |
| 租赁商 | 银行型 | 租赁型 | 双边型 1 | 双边型 2 |

企业通过商业模式的创新可以带来哪些新的变化呢（见图5-5-1）？

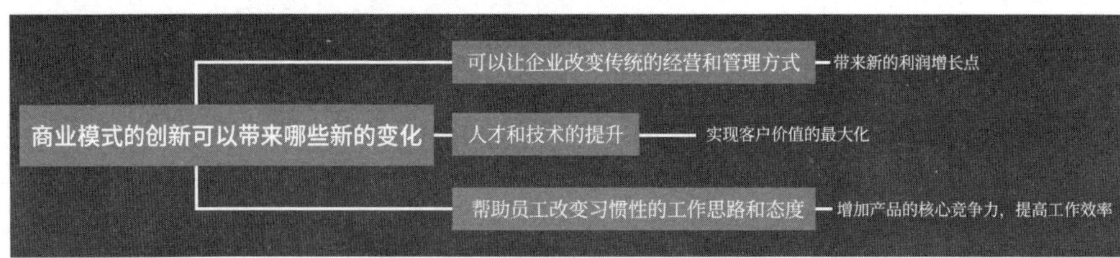


图5-5-1 商业模式的创新可以带来哪些新的变化

第一，可以让企业改变传统的经营和管理方式。商业模式的创新，有可能增加客户来源，甚至大幅度降低成本，带来新的利润增长点。

第二，人才和技术的提升。商业模式的创新需要以一定的人才和技术为基础。人才和技术的发展，可帮助企业解决发展中出现的问题，实现客户价值的最大化，并实现降本增效。

第三，帮助员工改变习惯性的工作思路和态度。商业模式的创新，可以帮助员工改变习惯性的工作思路和态度，增加产品的核心竞争力，提高工作效率。

那么，企业应该如何通过商业模式的创新来实现自我突破呢（见图5-5-2）？

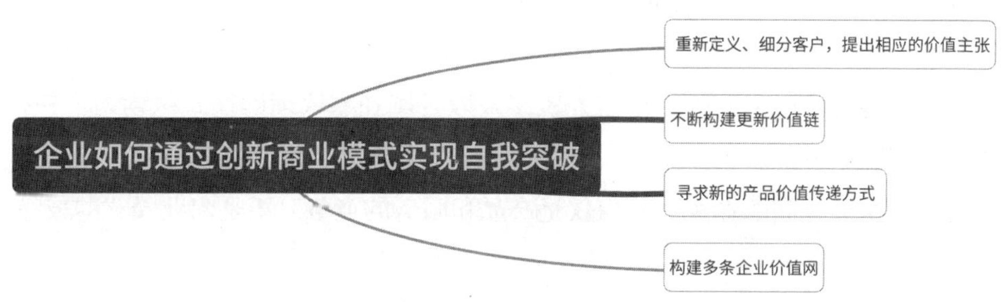


图5-5-2　企业如何通过创新商业模式实现自我突破

首先，重新定义、细分客户，提出相应的价值主张。商品能令消费者喜欢、满意，企业就能赚钱。因此，企业要使自己的产品更好地满足客户需求。消费者需求不断更新变化，企业就必须跟随需求变化对客户进行重新定义和细分，并设计生产出满足不同需求的产品。以万科房地产为例，把自己的目标客户群体通过三个维度进行细分，分别是：生命周期、价值观和支付能力，把客户细分成五种类型：看重价格的敏感务实之家；注重体验感的新型之家；更看重子女教育的传统之家；财富和地位并重的成功之家；注重晚年幸福的老年之家。万科也对每种类型的家庭客户特点与对房产需求进行了总结，使得万科对客户需求有了更精准的认知，拓展了各区域各档次住宅，消费者也可以以最优的价格享受自己希望得到的服务，实现了企业的利润增加和快速发展。

其次，不断构建更新价值链。价值链就是企业设计产品、生产产品、销售产品以及提供售后服务活动的集合。企业想要获得新的利润增长点，就必须不断创新价值链，在关键流程与资源上实现创新。比如迪士尼公司，会首先通过动画片制作创造利润，然后通过迪士尼主题游乐园创造第二轮收入，还会通过各种品牌玩具、文具、水杯等产品连锁经营实现收入。

再次，寻求新的产品价值传递方式。价值传递反映的是企业持续输出生产力的能力，价值传递的创新就是创新产品和服务的分销和传播。比如戴尔公司以直销的方式代替了分销商模式，通过互联网为客户提供一对一专属服务，省去了中间商赚差价的环节，为企业增加了核心竞争力的同时，还争取了巨大的利润空间。

最后，构建多条企业价值网。构建企业联盟，形成企业价值网，为企业创造新的利益增长点。比如格兰仕定位“全球知名家电制造中心”，在国外和国内实行不同的战略：在国外主打为其他知名品牌做贴牌生产代加工服务，实现了规模化和专业化；在国内发展自主品牌，物流外包，采取区域独家代理的模式，创造了独特的“低成本高利润”的商业模式。

总之，企业之间的竞争，不仅仅是产品和服务的竞争，更是商业模式的较量。

## 6. 让新客户主动找到你

企业想要不断提升利润，不但需要守好自己的市场，需要维护好已有的老客户，更需要开辟新的市场，让新客户主动找你下单。比如，做传统糕点的企业，可以开拓下午茶市场；手机不再是简单的通信工具，更可以是保障安全和奢侈品的代名词；鲜花除了节日或者纪念日要用，也可以是日常生活的点缀等。

企业如何找到适合自己的新市场，让新客户主动找上门呢（见图5-6-1）？

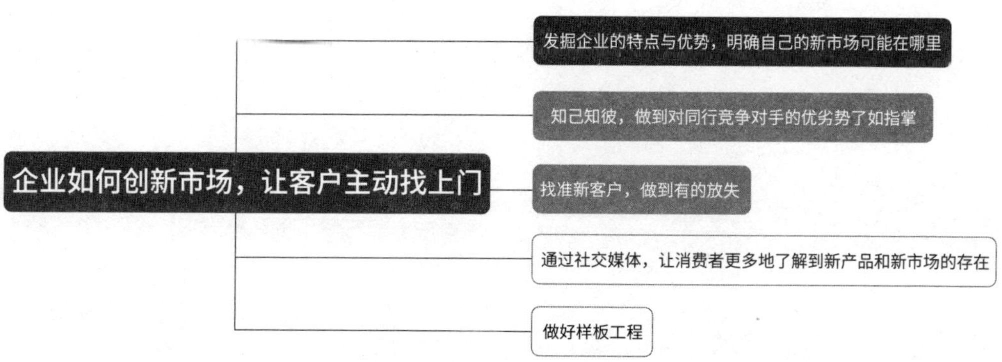


图5-6-1　企业如何创新市场，让客户主动找上门

第一，发掘企业的特点与优势，明确自己的新市场可能在哪里。这就需要企业及销售员对自己的企业产品及品牌受众人群特别了解，搞清楚自己的消费群体是谁，他们都属于什么消费水平。

第二，知己知彼，做到对同行竞争对手的优劣势了如指掌。正所谓“知己知彼，百战不殆”，企业和销售员了解清楚竞争对手的各种信息，才能找到突破口并制订科学合理的行动方案。

第三，找准新客户，做到有的放矢。销售员发现新的潜在市场后，应该做好规划和部署，对所有经销商和进货渠道进行对比和整合，确定自己的目标经销商。

第四，通过社交媒体，让消费者更多地了解到新产品和新市场的存在。通过抖音、微博、微信等宣传，让新产品、新品牌的独特性被大家了解和熟悉，让消费者知道购买和使用该产品自己能够获得什么样的体验和收获，尤其需要让潜在客户了解企业的文化和品牌价值，使其对企业产生信任感。

第五，做好样板工程。做好样板工程，就是企业在开拓新市场的时候协调各种资源给客户试用，证明自己产品的性能、质量是过关的，并给客户提供一个舒适的体验过程。当客户有了满意的体验，自然会欣然下单。

实现持续利润增长，是每个经营者的终极梦想。追梦的过程中，企业经营者肯定需要不断尝试各种创新，而开辟新的区域市场和新的行业市场是必须走的路。

软实力篇

# 第六章 付出能反哺社会竞争力

## 1. 比现金更好的福利方式

有些企业喜欢逢年过节的时候给员工发放各种福利，比如礼品、购物券、娱乐休闲场馆门票等，但是员工们却觉得“还不如发现金来得实惠”。员工认为，企业发放现金作为年节的福利，可以省去自己领取和通勤来回折腾的麻烦，也可以把福利真正用到自己想要去消费的地方。但是企业觉得，发放现金作为福利，可能需要纳税，这样发到员工手中的福利便减少了。而且，如今一二百元的过节福利对员工来说，买不了多少东西，起不到激励的作用，是一种无效的激励方式。

很多企业还秉承着传统的发放福利的方式，逢年过节给员工发放现金福利，比如，春节发500元，中秋200元，端午200元，这些福利会和员工当月工资一起打到员工的工资卡上。员工没感觉自己接受了企业多大的恩惠和福利，也没有惊喜的感觉，甚至可能羡慕其他企业的员工可以收到各种各样的福利品。同理，七夕情人节的时候，给女友送玫瑰和礼物更容易博得佳人一笑，反之直接发红包转账则显得冷冰冰，恐怕会惹得女友连声抱怨。

企业给员工除现金外的其他福利，也可以带来这样的好处。

第一，良好的福利体系，可以给企业树立威信，给客户留下美好的印象，还能给员工带来归属感。比如，海底捞逢年过节除了给员工发放礼品，还给优秀员工提供公费旅游、体检，发放生日礼物等福利。这样的福利设置会给员工由衷的尊重感，使员工发自内心地感激企业，并萌生为企业奋斗的动力。

第二，好的福利更容易为企业赢得员工的真心。比如有的企业给员工购买各种商业保险，甚至给其家人购买补充的医疗保险。这样的福利远比现金更具有持久性和温暖性，也容易吸引更多的人才加入进来。

企业如何发放福利才既能体现对员工的人文关怀，又能达到激励员工的效果呢（见图6-1-1）？

图6-1-1 企业如何发放福利

第一，实物福利。礼品等实物福利给员工一种特别的“仪式感”。现在的年轻人喜欢发朋友圈分享自己的生活，公司发放了福利自然也会发朋友圈向亲朋好友展示。因此，企业可以多发一些实物福利，借此机会展示企业的形象，同时提升员工内心的愉悦感。

第二，弹性福利。企业可以把选择权归还给员工，让员工自己来选择，比如福利可以是小家电、购物卡，也可以是电影票、生日蛋糕或者教育提升的学习费用。不同的行业可以根据自己的产品和需要设置多种选项，给予员工更多的选择权和尊重，提升员工的满意度。

总之，企业给予员工福利的方式可以多种多样，应该不仅仅局限于现金的方式，应该多元化一点，适合不同需求和场景，真正把福利的价值发挥到最大，真正给予员工实惠和激励。

## 2. 热衷于公益事业是“一本万利”

不难发现，现在很多企业都热衷于公益事业。做公益会给企业带来三个方面的益处：一是有利于为企业树立正面、积极、光辉的形象，提升企业曝光率和公众社会认可度，进而收获良好的“路人缘”和口碑，这就相当于给产品和品牌打了一波广告，有利于提升市场占有率；二是有利于企业文化体系的建立，给员工带来社会荣誉感和责任感，便于吸纳更多优秀的人才，这无疑为企业长远发展做好了人才储备；三是企业做公益达到一定标准可以减免税收。《中华人民共和国企业所得税法实施案例》第九条规定：“企业发生的公益性捐赠支出，在年度利润总额12％以内的部分，准予在计算应纳税所得额时扣除……”《中华人民共和国企业所得税法实施条例》第五十一条规定：“企业所得税法第九条所称公益性捐赠，是指企业通过公益性社会团体或者县级以上人民政府及其部门，用于符合法律规定的慈善活动公益事业的捐赠。”《中华人民共和国企业所得税法实施条例》第五十三条规定：“企业当年发生以及以前年度结转的公益性捐赠支出，不超过年度利润总额12％的部分，准予扣除。”（见图6-2-1）。

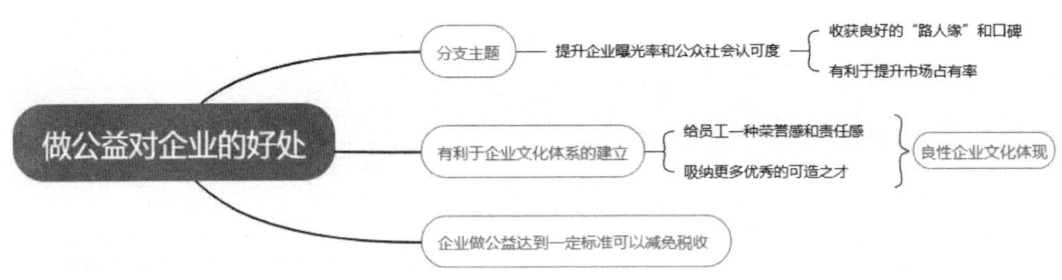


图6-2-1　做公益对企业的好处

由此可见，企业做公益真的是“一本万利”。

一般来说，企业会把践行社会责任和做公益融入企业文化和愿景中，协调内部资源，利用救灾、扶贫解困、建立希望小学等多种方式来推动公益事业，积极回馈社会。比如，很多企业都把自己的产品无偿捐赠给贫困山区的孩子，还有的企业直接建立希望小学或者设立助学金和奖学金。企业这么做不仅解决了贫困地区孩子们的上学问题，减轻了家庭的压力，而且给社会、企业、国家的发展带来了积极的影响。国家和企业的未来在孩子身上，企业鼓励孩子继续深造、学习，一方面给学生提供了成才的机会，另一方面也使企业赢得了学生的认可和认同，这些学生将来可能会成为企业忠诚的人才。

企业做公益事业好处多多，尤其会为企业树立良好的形象，还能达到传统广告无法企及的效果。产品、品牌、口碑，都是企业长远发展必不可少的要素。

## 3. 主动承担保护环境的主体责任

如今，人们越来越意识到环境保护的重要性，越来越清楚地意识到环境保护与企业发展是一体的、是不容分割的。因此，企业只有主动承担起保护环境的主体责任，继续发展自己的企业，才能互相支撑实现企业全面长足的发展（见图6-3-1）。

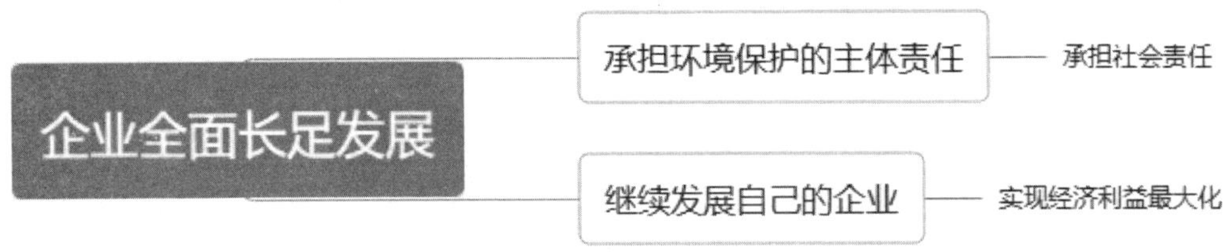


图6-3-1　企业全面长足发展

从客观意义上来说，企业承担环保的主体责任，不仅仅是对公民和社会负责的表现，也是将公众及社会的责任转化为企业内驱力及竞争优势的表现，有助于企业赢得客户信任，最终取得商业上的成功，赚取更多的利润（见图6-3-2）。

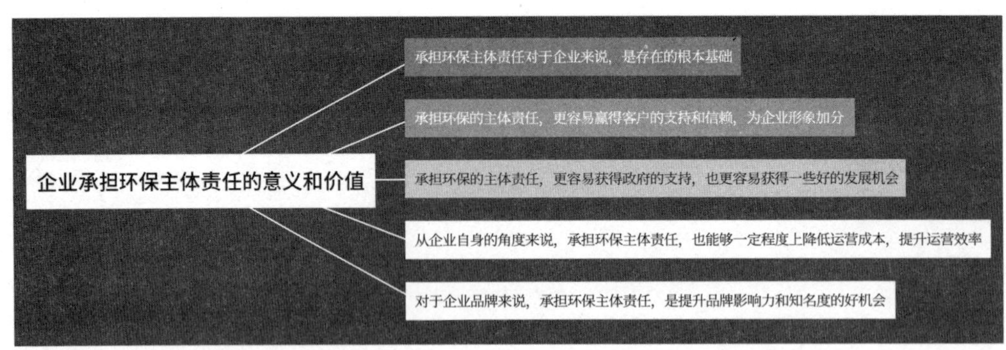


图6-3-2　企业承担环保主体责任的意义和价值

第一，承担环保主体责任对于企业来说，是存在的根本基础。比如美国化纤巨头杜邦公司，一直主打的就是环保，随着能源日益紧张的形势越来越凸显，杜邦更是在绿色环保材料上费尽心思，研发出的绿色环保纤维，一经面世就广受好评。企业这种出于对环境、对社会大众健康负责的态度，为企业发展提供了核心竞争力和竞争优势。

第二，承担环保的主体责任，更容易赢得客户的支持和信赖，为企业形象加分。市场经济高度发展的当下，人们的可选择性越来越多，除了要求产品满足人们的需求之外，也掺杂着一定的情感因素。那些能够在保护环境上作出自己贡献的企业，承担了更多的社会责任，更容易被广大消费者敬仰和接纳，客户也愿意相信这样的企业可以为其提供高品质的产品和服务。这无疑从一定程度上为企业赢得了更多的市场支持和份额，增强了其品牌的市场竞争力。

第三，企业承担环保的主体责任，更容易获得政府的支持，也更容易获得一些好的发展机会。每个企业都有自己的发展计划和长期发展战略，如果能够把环保列入其中，便可为企业自身的发展创造机会。企业积极践行社会责任，会赢得当地政府的支持和信赖，也会获得更多的发展机会和空间。甚至有一些好的资源、项目被开发时，政府会第一时间想到交给有责任感和担当的企业来负责。

第四，从企业自身的角度来说，承担环保主体责任，也能够一定程度上降低运营成本，提升运营效率。比如，诺维曾为了盖办公大楼，不惜重金增设墙体保温层，这是符合节能环保大趋势的，但是无疑增加了成本。但事实证明，这座办公楼投入使用后三年所节约的能源与工程所增加的成本相当。也就是说，企业办公大楼未来的使用期间，其节能环保的设计将为企业节约大量能源，降低了大量的成本。

第五，对于企业品牌来说，承担环保主体责任，是提升品牌影响力和知名度的好机会。提升企业和品牌的知名度，不可能一蹴而就，而是需要时间积累的，需要消费者使用或者信赖该产品才行。而企业主动承担环保主体责任，其品牌影响力无疑会收到事半功倍的效果。

那么，作为企业应该如何承担环保的主体责任呢？（见图6-3-3）。

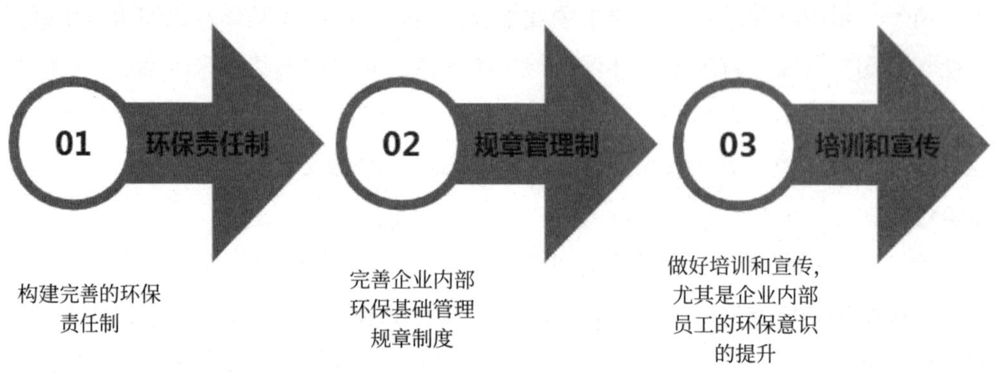


图6-3-3　作为企业应该如何承担环保的主体责任

首先，构建完善的环保责任制。企业从上到下都应该把环保意识和制度落到实处，比如装备上要达到环保技术水平，排污能力要达标，生产、排放、检测等要有制度和考核标准可循。总之，企业要切切实实把环保责任制落到生产实处，而不是做面子功夫。

其次，完善企业内部环保基础管理规章制度。企业需要构建自己的环保监测制度、污染物排放处理制度、合法合规的审查制度等。

最后，做好培训和宣传，尤其是企业内部员工的环保意识的提升。企业承担环保的主体责任，就必须增强基层员工的环保意识，这样才能保证员工在技术优化和方案改造时提出更完善、更优化的方案，也才能使其减少生产、操作上的失误和漏洞，真正做到人人为了环保尽一份力，并形成分级负责、齐抓共管的局面。这样，企业实现环保生产，承担环保责任也就变得容易了。

在工业化的当下，企业承担环保的主体责任非常必要，也有利于企业长远的发展。

# 4. 保证产品质量是企业生存之本

产品质量是企业的生命线，也是企业长远发展和争取更大竞争力的核心。要保障产品质量，企业必须从制度、员工个人、各个部门、规定等方面承担和落实质量为先的责任制。

企业如何才能真正落实质量为本的责任制呢，可以尝试以下的方法（见图6-4-1）。

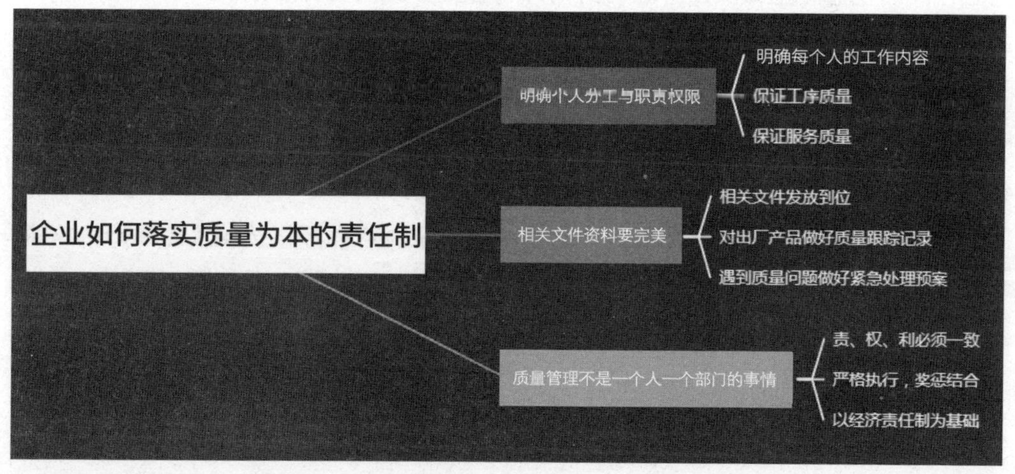


图6-4-1 企业如何落实质量为本的责任制

第一，明确个人分工与职责权限。很多中小企业中，一旦出现产品质量问题，各个部门甚至员工之间就会出现互相推诿的现象。之所以会出现这样的现象，就是因为企业没有真正落实质量管理的“权”与“责”。企业应该把产品生产的标准落实到每一个员工和每一道生产工序上，而且要从生产制度和企业规章制度以及员工管理制度中予以落实，明确每个岗位每天需要完成的工作是什么，工作量是多少，如果没有按照规定完成会承担什么样的责任和风险。这就意味着，生产产品时员工不可以按照自己的想法或者习惯来进行操作，而是要按照产品生产的标准来操作。这样一来，产品出现问题时判定责任就变得比较容易了。因此，产品质量管理落实到责任就是要保证产品生产严格执行一定的工序，保证生产的过程是达标的，也要保证产品售后服务是过关的。

第二，相关文件资料要完善。企业想要落实质量责任制，也必须将相关文件发放和讲解到位。文件中必须用文字或者图表解释清楚“要做什么，怎么开展，需要达到什么标准”。否则，一旦出现问题，没有明确的文件可以对照，那么责任制就变成了“空头文件”。同时，企业内部质量监督部门也应该做好产品检测和售后相关的跟踪和记录，及时反馈出现产品质量问题的原因，并敦促改正，提前做好应急预案，并制定相应的改正措施。

第三，质量管理不是一个人一个部门的事情。产品的质量管理并非某个部门的工作，而是需要全体员工一起努力的综合性工作。只有每个员工积极保证自己生产的产品没有质量问题，对自己的工作认真负责，才能真正保证产品最终的质量是合格的。企业也必须把员工个人目标与企业远景目标结合起来，保证产品质量的同时，也把员工个人利益与岗位责任结合起来，才能真正保证制度的执行。企业还必须做好定期的考核与检查，注意及时给予奖励与惩罚。

总之，企业只有做到“人人为产品质量做贡献，产品严格按照工序生产，检查考核有标准，办事讲道理讲程序，事事有人管有人敢于承担责任”，才能真正提升产品质量，真正对消费者负责，对社会负责。

## 5. 坚持走“自主创新”之路

不同于以往，华为新产品mate 20的新闻发布会并没有在国内举行，而是选择了英国伦敦这个国际化大都市。没有了民族品牌的光环，也没有国人的支持，华为却在公布了产品性能、特点后，受到了全世界的瞩目。该产品从芯片到3D结构光传感器，再到电源、电池都出自华为自主研发。华为通过技术创新和新产品研发，提升了企业和品牌的竞争力，实现了自我提升和新技术的发展。

只有坚持自主创新，实现技术升级与创新，创造和生产出更多符合人们需求的高质量产品，企业才能冲出重围，才能实现进步与发展（见图6-5-1）。

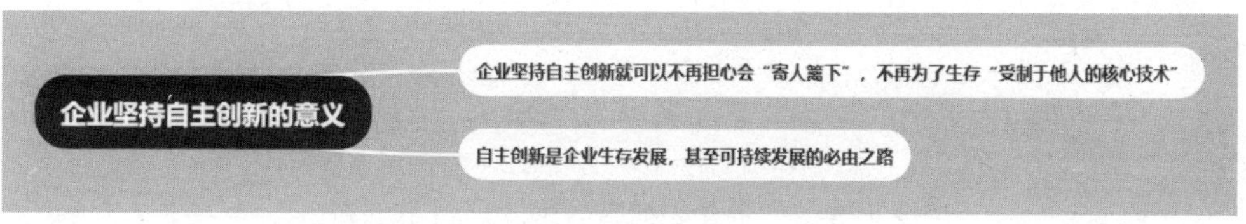


图6-5-1　企业坚持自主创新的意义

第一，企业坚持自主创新就可以不再担心会“寄人篱下”，不再为了生存“受制于他人的核心技术”。从大环境上看，中国在自主创新上的能力仍然不足，一些关键性技术对国外的技术依赖程度超过50%，而美国和日本对国外关键性技术的依赖却很低，只有不到5%。在专利研发技术上，我国更是鲜少有人进行。而其他国家，比如日本、德国进行专利研发的比例几乎是中国的近50倍。尤其在电脑系统等领域，尽管可以使用价格低廉的盗版产品替代，但是一旦版本升级或者面对正版的“黑屏计划”，那就只能无奈高价购买正版。

第二，自主创新是企业生存发展，甚至可持续发展的必由之路。一个国家的发展离不开科技与创新，同样一个企业的发展也离不开新技术的革新。哪个企业可以在自主创新上下足功夫，就可以更快占领市场，更多地满足消费者需要。反之，企业如果永远等着对手抢先研发新技术，那么客户将不断流失，竞争对手将越来越多，可以选择的同类产品将层出不穷，而消费者一定会选择那些优质、技术含量高的产品。自主创新也意味着提升生产效率、降低成本，从这些层面看，企业坚持自主创新是提升自我核心竞争力。实现自我发展进步的根本要素。

企业如何有效地开展自主创新，增强抵御市场风险，提升核心竞争力，也是管理者需要思考的问题（见图6-5-2）。

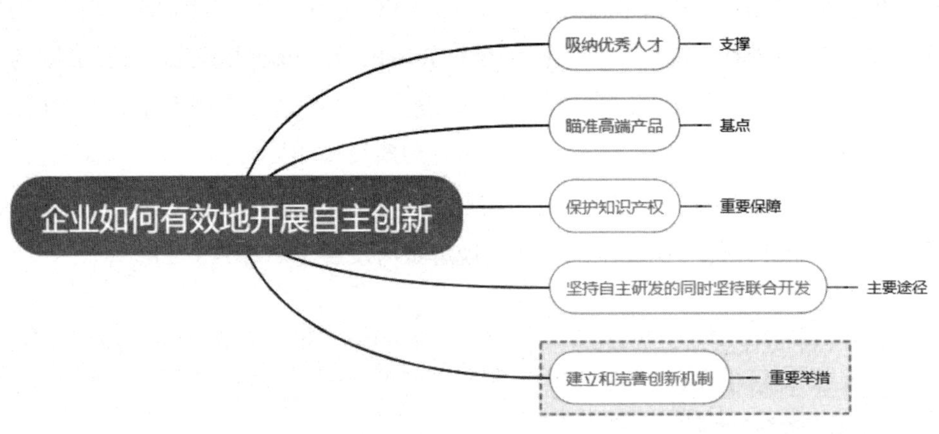


图6-5-2　企业如何有效地开展自主创新

第一，吸纳优秀人才。正所谓“人才是第一生产力”，企业有了优秀的自主研发人才，才能有实现自主创新的可能。保障优秀研发人才，企业就要做好内部员工的潜力培养和挖掘，尤其是要重视第一线的员工，因为他们有宝贵的实践经验和丰富的阅历，其自主研发水平上就更具针对性和更接近消费者心理。企业还可以通过制度来吸引更多的优秀人才，推动企业自主创新。

第二，瞄准高端产品。瞄准高端产品，才能真正满足消费者需求，甚至改善消费者的生活。也就是说，产品的自主研发要具有未来性，要对行业乃至整个社会有一定的价值和意义。产品设计如果只停留在低端或者满足当下需求的层面，那么产品寿命和周期都不会长久，这样的产品研发与自主创新是没有实际意义的，甚至是浪费时间、物力、精力和财力的，也终将让企业失去发展和占领市场的先机。

第三，保护知识产权。保护知识产权对企业很有必要，不仅可以防止自己的成果被他人侵害，还可以鼓励企业内部研发人员更进一步。这就要求企业要从法律上重视，比如可以做好专利申报，做好内部保密措施等。

第四，坚持自主研发的同时坚持联合开发。企业可以立足于高校、专业科研院校等机构，与其发展合作关系，企业负责出资、命题，科研机构来具体实施和研发。

第五，建立和完善创新机制。企业可以构建自己的创新机制，比如通过给高级人才提供高薪、房屋等福利待遇，来吸引和留住人才；创造优越的研发环境，如投入大量资金、购入先进设备、聘请相关专家等。

总之，企业要想长远发展，就必须坚持自主创新。

# 6. 依法纳税是基本义务

格力电器董事长董明珠曾这样说："是否迈过千亿大关不是格力电器的首位目标，一年能实现缴税100亿元，才是格力最看重也是最有价值的追求。"从这句话不难看出，格力电器一直把依法纳税作为企业应该承担的基本社会责任（见图6-6-1）。

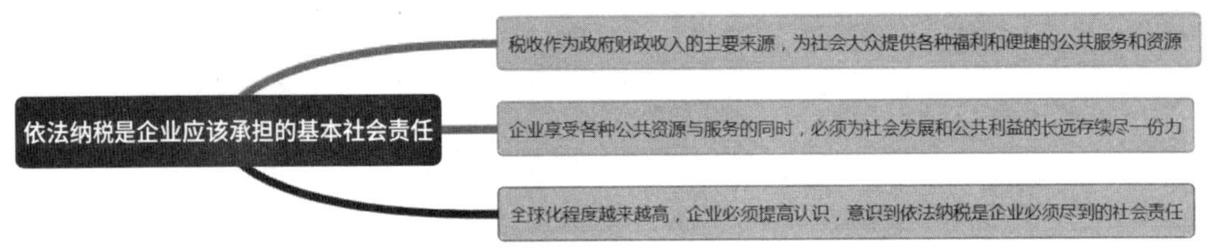


图6-6-1　依法纳税是企业应该承担的基本社会责任

税收作为政府财政收入的主要来源，为社会大众提供各种福利和便捷的公共服务和资源。企业赚取利润的同时也应该承担缴纳税款的义务和责任。

依法纳税是企业应该尽到的社会责任与义务。企业作为社会的一分子，享受各种公共资源与服务的同时，必须为社会发展和公共利益的长远存续尽一份力，因此理应自觉承担相应的社会责任。如果企业只愿意享受公共资源与服务，而不愿意把企业发展与社会责任联系在一起，那么企业也不可能得到长远的发展。

全球化程度越来越高，企业必须提高认识，意识到依法纳税是企业必须尽到的社会责任。这种认识可以推动企业全球化的水平，也有利于品牌形象的打造，还是增强国内企业可持续发展的动力。

作为企业，依法纳税的基本类型包括：教育费附加指的是企业应该缴纳的增值税、消费税和营业税附加；增值税是指我国境内销售、修理、加工、配备劳务及进口货物的企业及个人应该缴纳的税；城建税指的是城市维护建设税，根据企业针对所在地方适用税率计算；营业税是针对在我国提供劳务、无形资产转让或者不动产销售的企业或者个人征收的一种税；房产税是向房产所有人征收的一种税；车船税是面向所有在我国有车辆的企业或者个人征收的一种税；土地增值税是针对转让土地使用权、地上建筑物及其附着物获得收入的企业或者个人征收的一种税（见图6-6-2）。

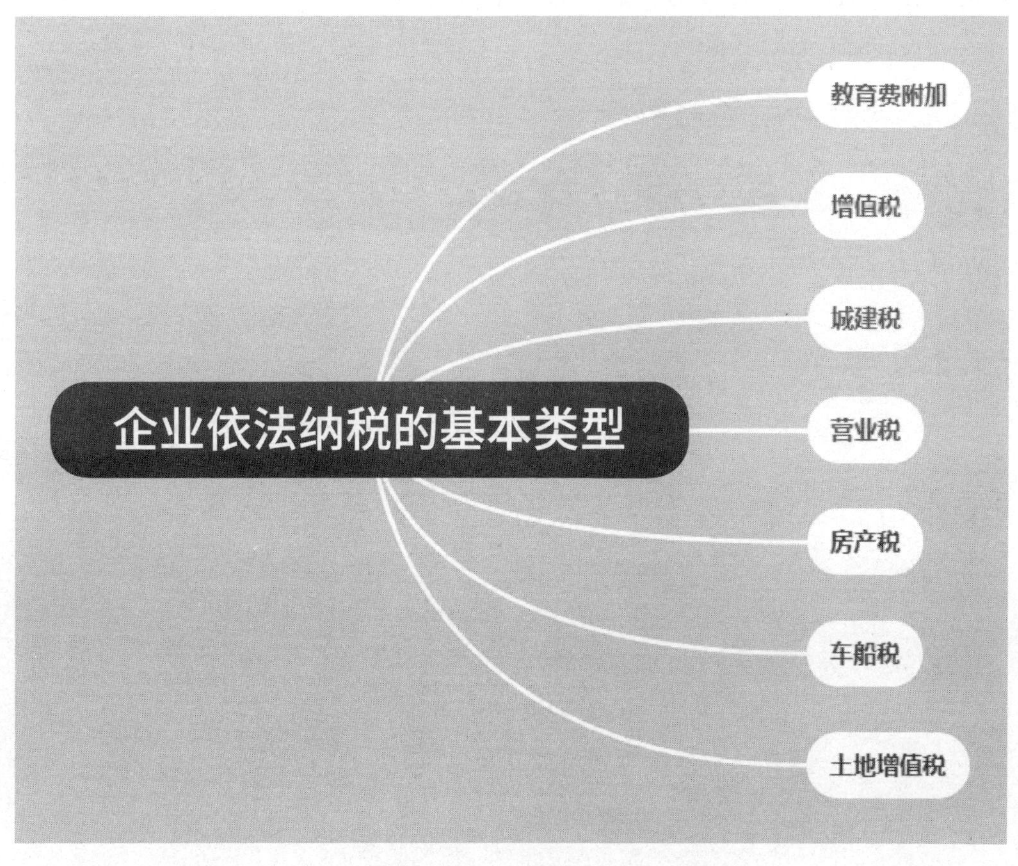


图6-6-2 企业依法纳税的基本类型

那么作为企业如何做到、做好依法纳税呢？

第一，企业自领取营业执照起一个月内，持相关证件到当地的税务部门申报办理税务登记。

第二，企业的财务管理人员，应该根据相关法律制度及企业内部财务管理制度，及时购买、使用发票，建立起完善的内部发票管理制度。

第三，企业应按时把企业真实财务状况如实向当地税务机关进行申报，并提供相关票据和财务报表等资料作为证明。

总之，依法纳税对于企业来说非常重要，可以为国家经济发展注入活力，也可以树立企业的良好形象，并享受良好信用带来的便捷。

软实力篇

# 第七章 可以触碰到的规则

## 1. 发挥榜样的力量

榜样就是值得大家学习的标杆或者样板。企业树立了榜样，就好比给所有员工制定了明确的目标，员工会将自己的工作态度、行为都朝着榜样努力。从这个角度来看，榜样会促使企业和团队保持向上的活力，带动其他员工一起努力进步。

那么，企业应该如何树立榜样，起到激励员工的作用呢？

第一，可以从基层员工中选拔典型人物作为榜样。员工会感觉榜样就在身边，缩小了与榜样人物的心理距离，也能使员工对榜样人物的日常工作和生活有一定的了解和认可，在一定程度上激发员工超越榜样的信心。销售岗位评选榜样很简单，根据业绩完成情况选出榜样即可，其他岗位评选榜样员工可以通过下面的做法进行（见图7-1-1）。

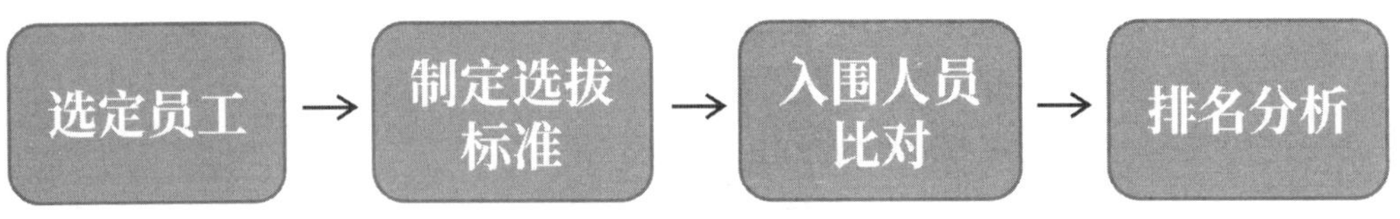


图7-1-1　选拔流程

具体来说，其他岗位可以从所有员工中选定几个员工，制定选拔标准，可以综合员工潜力、日常工作表现、心理承受能力、学习模式、自信水平、决策水平、敏感度、危机处理意识等标准进行考评。企业对该部门员工入围优秀员工进行对比，并公布排名分析，最终选出优秀榜样。

第二，根据员工的优势构建榜样标杆。部门主管应该善于挖掘员工的优点作为员工学习的榜样，比如月销售业绩最高、客户投诉率最低、回头客数量最多、客户满意度最高、工作中出错最少等，都可以成为选拔榜样的标准。

榜样行为规范标准不可以设置太高，否则会令员工感觉目标难以达成，反倒失去了原本激励的作用。设置共同目标，就是企业可以根据自己当下项目或者发展阶段的需要有针对性地选定榜样人物，为其创造有利的发展环境，助其成为当下项目或者发展阶段的“领头羊”，为全体员工指引努力的方向。企业需要做好铺垫，把共同目标和榜样人物进行广泛宣传。

第三，给予榜样员工足够多的物质奖励或者头衔。企业可以通过媒体宣传或者张贴告示的方式，让所有员工看到成为榜样人物可以得到多大的回报，以此正面激发员工的奋斗热情。

第四，企业管理者要客观、公正对待选拔出来的榜样人物，一方面企业应该宣传号召所有员工向榜样学习和努力，另一方面也应该避免这种选拔成为流于形式的死板的学习。企业可以通过经验分享大会的形式，让榜样人物分享自己的工作经历、介绍新技术、新方法或者工作心得。

第五，及时制止榜样人物的错误行为。对于一些不文明行为，或者违反公司规章制度、偏离企业发展规划目标的行为，要及时予以纠正和引导，避免其他员工跟风效仿，对企业形象造成不良影响（见图7-1-2）。

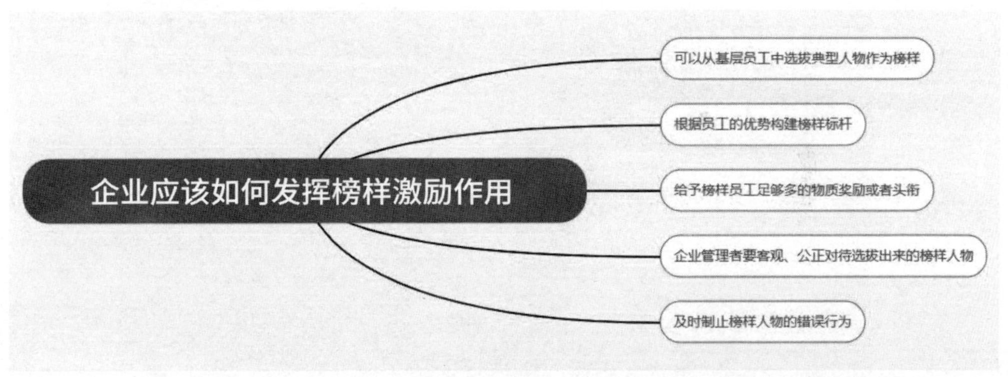


图7-1-2　企业应该如何发挥榜样激励作用

需要注意的是，榜样人物不是固定不变的，不同的发展阶段或者项目可以选拔不同的榜样人物。

## 2. 保证制度的执行力和权威性

正所谓“没有规矩，不成方圆”，企业想要长久发展，离不开科学合理的规章制度。一个优秀的企业必然有自己的企业文化，而且包含一整套具有公开性、权威性、奖惩分明、富有执行力，体现价值观的规章制度（见图7-2-1）。

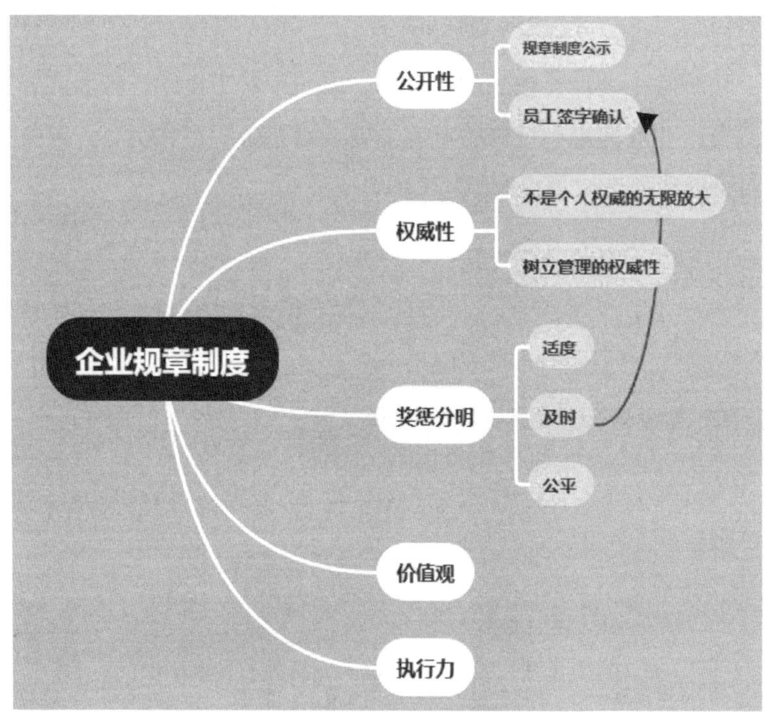


图7-2-1　企业规章制度

公开性是指与员工切身利益有关系的规章制度必须通过公示或者员工大会等方式，让员工清楚了解规章制度的具体内容，并需要员工签字确认。企业规章制度的公开性是法定的，否则便不具备法律效力。

很多管理者更关注个人决策的权威性，这样的企业就会出现“老板和各部门主管忙得团团转，但是整个部门或者企业工作效率并不高”的现象。想要保持企业规章制度的权威性，就必须让老板及各部门主管以身作则，不将自己的权力凌驾于规章制度之上。真正的权威的规章制度是，员工的升职、涨工资、绩效、考勤、惩罚等制度，一旦得到员工确认，就必须坚持规章制度面前人人平等，无论老板还是员工都必须坚决贯彻执行，无任何例外或者特殊情况及特权可言。

制度中强调奖惩分明，指的是在企业制度中设立相应的奖励和惩罚机制，给企业制度和日常管理注入活力，让员工在工作上得到要求和约束的同时，给予一种额外物质、精神鼓励，提升员工工作效率和积极性，有利于企业管理和经营。奖励的目的并不是鼓励员工主动加班，而是鼓励员工成为更好的自己，也从一个侧面告诉员工，制度对所有员工是公平的，绩效收入的高低与资历、老板个人喜好及人脉等其他元素无关。

企业的价值观，是指企业在实践过程中形成的关于是非好坏、产品逻辑、创新理念、商业模式等，是所有员工都认同、遵守的企业行为规范准则。不同的价值观可以形成不同的客户群。比如，华为公司的企业价值观是“以客户为中心、以奋斗者为本、长期艰苦奋斗”，星巴克的价值观是“营造一种温暖而有归属感的文化，欣然接纳和欢迎每一个人”。

执行力，是指保证制度的贯彻执行，这也是现代企业管理中比较麻烦的问题。

如何保证企业规章制度的权威性和执行力？首先，需要老板和各部门主管都身先士卒，以身作则做好遵守，让大家意识到一旦制度通过并生效，对企业所有员工，无论是基层员工还是领导者本身，都具有约束力。其次，制度的执行要保证公平、公正、公开、统一，不能搞针对、搞特殊。如果执行标准不一致，长此以往就容易给员工造成一种制度形同虚设的感觉。最后，以客观事实为依据，做好调查研究，切实维护好每个员工的根本利益。

在企业发展过程中，想要实现利润的增加，让所有员工都能拧成一股绳，关键在于制度的执行力和权威性。如果每个人都严格执行，人人按制度办事，尽职尽责履行岗位职责，企业的目标和任务就会比较容易实现。

## 3. 企业要懂得适当给员工“危机感”

农夫养的一头牛，不小心掉进了一个深坑，农夫用尽办法想把牛拉上来，但是牛丝毫不肯配合，农夫终究没能成功。最终，农夫叹了一口气，决定放弃营救这头牛。于是，他叫来了左邻右舍，动员大家用土填坑，以减少这头牛的痛苦，也避免其他牛再掉进深坑。

这头牛发现自己被主人抛弃时，开始时一直哭嚎，后来突然变得安静下来。它不断抖落身上的土，奋力往上攀爬，后来纵身一跃跳出了深坑，然后在大家惊讶的表情中往家的方向走去。

这则寓言故事中，主人费尽心思也不能将这头掉进深坑的牛救出来，可是主人放弃营救它后，它却化阻力为动力成功脱险。

很多企业中的部分员工就如故事中被主人费尽心思营救，而自己却不肯付出一点努力的牛一样。他们不关心自己每天工作任务完成了多少，也不关心自己为公司创造了多少利润，反正每天准时准点来上班，下班时间到了就走，至于工作质量和数量都无所谓，就好像企业“欠”着他们似的。员工出现这样的工作状态，自然对员工个人发展乃至企业的发展都是不利的。

其实，员工之所以出现这样的工作状态，是因为他们缺乏危机感。危机感对于企业来说非常重要，它可以成为员工成长的动力源泉，也可以成为企业成长的动力之源（见图7-3-1）。

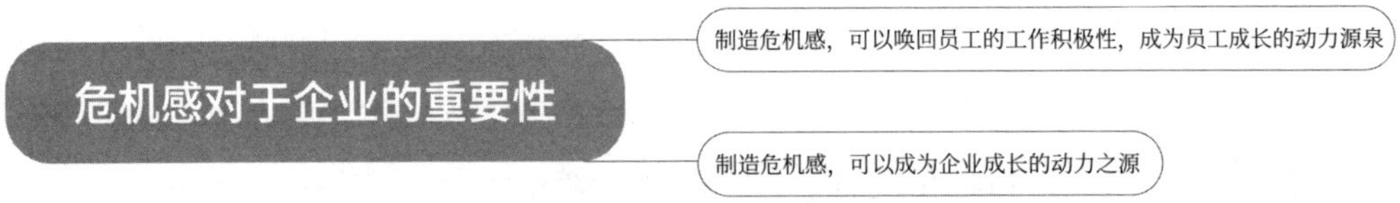

危机感对于企业的重要性

制造危机感，可以唤回员工的工作积极性，成为员工成长的动力源泉

制造危机感，可以成为企业成长的动力之源

图7-3-1　危机感对于企业的重要性

那么，企业应该如何扭转这种状态呢？

第一，制造危机感，可以唤回员工的工作积极性，成为员工成长的动力源泉。员工没有危机感，自然就会陷入工作懒散、得过且过、安于现状的状态。想要打破这种想法和状态，企业就应该制造点“危机感”，在风险和稳定之间制造平衡点，让员工感到害怕失去这份工作，调动大家的工作积极性。

第二，制造危机感，可以成为企业成长的动力之源。通用汽车CEO玛丽·巴拉就任时曾面临重大危机，企业因为汽车安全问题正面临消费者信任危机，也因为安全问题面临大量诉讼、赔款和召回所有问题汽车等问题。玛丽·巴拉并没有因此倒下，反而一直奉行“承认危机的存在，努力改变现状，用态度和业绩说话”的原则，最终得到了公众的原谅和信任，渡过了危机。

那么在企业文化中，如何制造“危机感”呢？（见图7-3-2）。

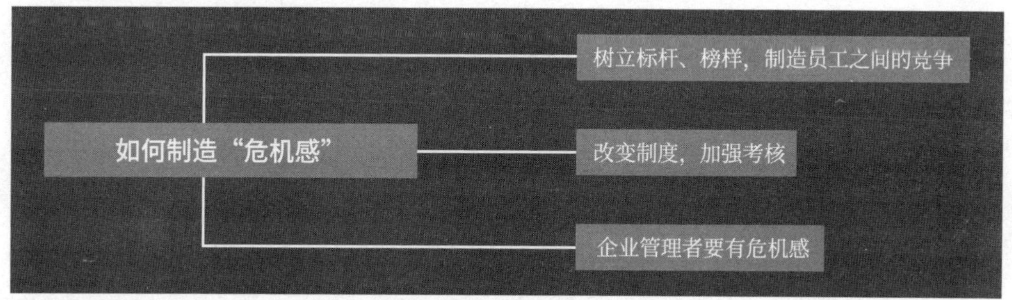


图7-3-2　如何制造“危机感”

首先，树立标杆、榜样，制造员工之间的竞争。如果企业或者团队中没有标杆或者榜样人物，那么团队或者企业失败的概率会大大增加。有了标杆，员工就有了努力的方向，被管理者点名表扬时，优秀的员工也感受到了企业文化中的温暖、信任和尊重。企业管理者可以及时给予榜样员工奖励、升迁、培训学习等发展机会。管理者也应该对表现不佳的员工予以口头批评或者降薪、裁员等处罚。这样才能调动员工的积极性，提高所有员工的工作动力。

其次，改变制度，加强考核。正所谓“适者生存”，制度不是一成不变的，当市场大环境变化，同行竞争越来越激烈，加强员工考核，改变相应的制度就成为提高效率的必然之选。本土品牌华为、腾讯、京东等企业一直奉行这样的制度——末位淘汰制。没有员工愿意没有饭吃，没有经济来源，这样没办法养家糊口，因此员工要牢牢保住这份来之不易的工作，让自己适应企业的高速发展变化。

最后，企业管理者要有危机感，时常告诉自己“按照目前的生产规模发展，未来恐怕很难养活所有员工”。企业只生产一种商品，或者永远不考虑转型、改革的问题，那么大环境或者时代一变，需求发生了变化，产品就会滞销，企业就会遇到危机。

因此，企业想要长远发展，制造点“危机感”是必需的！

# 4. 给予员工尊重与关怀

一个有责任感、有创造力、有生命力的企业，会尊重每一个员工，不会把员工看成赚钱的机器，会给予员工理解与关怀，会为员工提供发展上升的空间，也会尊重员工的利益，并给予他们帮助。如果公司不懂得尊重和关爱员工，只是单纯关注员工的工作业绩，总对员工横加指责，或者动辄给予处罚，无疑会令人寒心。日本著名企业家稻盛和夫曾说："让员工幸福、高兴，员工就会发自内心拼命工作，这样公司的业绩就能提升，公司的业绩提升了，对股东的回报也就增加了。"

给予员工尊重和关爱，不仅指给予其应有的薪水待遇，还包含对员工人格的尊重。海底捞公司在这方面做得比较出色，它主要从四个方面对员工显示了尊重：一是给员工提供住宿的同时配备服务员；二是允许员工正常恋爱交往；三是将员工每月部分工资直接邮寄给员工父母；四是给办理离职的员工发放津贴补助。海底捞的这些行为，给予了员工充分的尊重，令员工感到温暖，也令员工对其产生了归属感（见图7-4-1）。

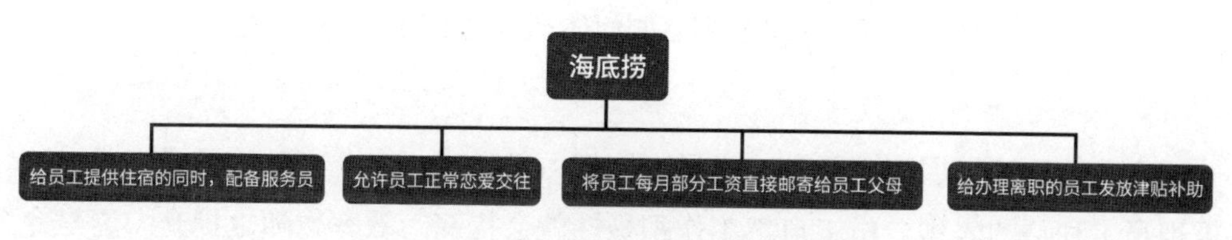


图7-4-1　海底捞如何给予员工尊重

企业管理者如何体现对员工的尊重和关爱呢？

第一，多发现员工的进步和优点。比如，绩效一直一般的员工，通过自己的努力使得业绩有所提升，这就是进步。公司的管理者要及时发现员工的进步，并及时给予鼓励。

第二，多从细节上关心员工。这种关心既包括工作上的，也包括生活上的，比如工作中遇到麻烦、困难，家里出了问题，公司的管理者要提供帮助，给予安慰和支持，节日或者员工生日时给予一句简短的祝福等。

第三，提倡积极反馈。员工加足马力赶项目时，无论成果是否让你满意，作为管理者都应该对员工保持尊重，对其劳动成果予以积极的肯定。如果发现问题或者有其他想法，要用平和的语言向员工解释清楚。

第四，将解决问题作为核心。惩罚不是目的，与员工进行合作沟通时，要客观评价员工的工作（见图7-4-2）。

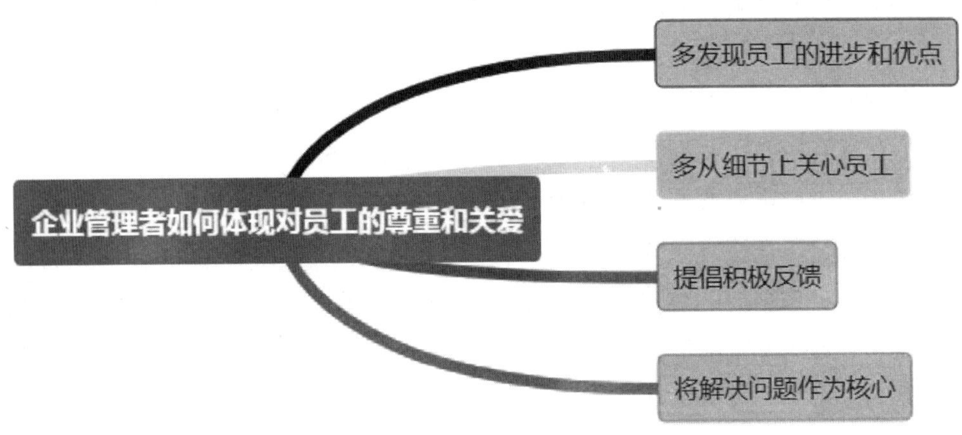


图7-4-2　企业管理者如何体现对员工的尊重和关爱

企业的飞速发展离不开每一个员工的努力与付出。企业主动给予员工关爱，是重视员工利益的表现，员工自然工作积极性就会提高，效率也随之提升，这是令企业和员工都受益的做法。

# 5. 营造团队工作氛围

团队工作氛围是员工在工作环境中表现出的情绪状态，良好的团队工作氛围可以激发员工的工作热情，让员工在轻松的状态下高效地完成工作，也能在一定程度上避免无效沟通，甚至可以减少一些无序、不良竞争。反之，不良的团队工作氛围会影响团队的发展，员工没有工作热情，工作效率也将大打折扣，团队成员也不能和谐相处。

一个良好的团队氛围就是可以凝聚所有员工，就是要把所有员工的知识、技能和优势都充分发挥出来，即使遇到问题也可以通过共同的努力来分析问题的症结，找到突破口，最终实现目标和愿景，更高效、圆满地完成任务和工作。可以说，良好的团队氛围是一个企业生根发芽成长的土壤。一个员工状态不佳，很有可能把负面的情绪和工作态度传染给团队其他人，因此，应该营造有激情的团队氛围，助力公司或者企业的成长。

员工的情绪会相互影响，团队氛围引导得好，就能起到正向积极的作用，反之团队氛围不佳，可能导致员工陷入颓废、自我怀疑、自暴自弃等状态之中。如何营造团队氛围，让所有员工都能发挥自己的最大效能，为企业创造财富，是所有企业管理者都应该思考的问题（见图7-5-1）。

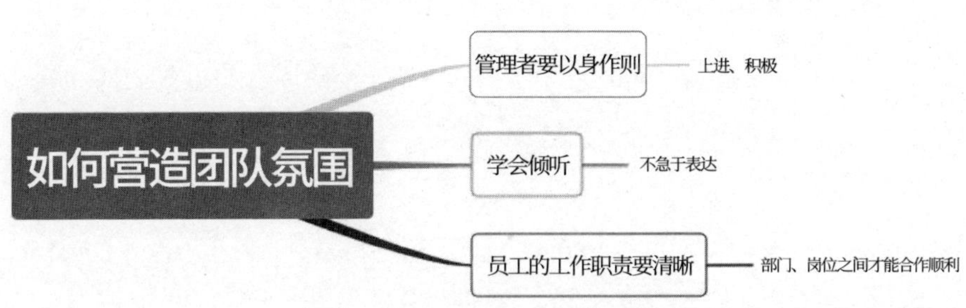


图7-5-1　如何营造团队氛围

第一，管理者要以身作则。管理者处于企业的核心位置，一个好学、上进的老板，会让员工感到有目标和冲劲。当员工在工作中遇到难以解决的问题时，如果管理者可以给予员工支持、鼓励和理解，把自己的工作经验分享给员工，那么会营造出一种积极向上的团队氛围。员工会发自肺腑地感激管理者，愿意追随管理者一起为企业做贡献。

第二，学会倾听。卡耐基曾经说过："一双灵巧的耳朵，胜过十张能说会道的嘴巴。"在团队工作时，学会倾听十分重要。认真倾听别人讲话并给予适当回应，沟通便可以顺利进行下去，讲述者会感觉被理解和尊重，这时候团队的氛围便是积极主动的。

第三，员工的工作职责要清晰。各部门、各岗位之间有了明确的分工和职责，就不会出现互相推诿的现象。

总之，企业管理者应该努力打造积极向上、争先创优的团队工作氛围，用强大的集体号召力激励所有员工，使员工感受到归属感和安全感。

# 6. 把文化变成实实在在的行动

在全球市场竞争如此激烈的当下，中国企业想要突出重围，就要打造自己的品牌。而打造自己的品牌，就需要企业做好自己的定位，把产品、品牌、服务价值真正回归到消费者身上。也就是说，企业以及品牌产品之间的竞争，归根结底就是企业文化的竞争。因此，让企业文化真正落地对于所有企业来说是十分重要和必要的（见图7-6-1）。

图7-6-1　企业文化真正落地对于所有企业的重要性

第一，企业文化是企业长远发展和软实力的内在发展动力。一方面，企业文化对外塑造着企业的形象和社会影响力；另一方面，企业文化对内也影响着员工之间的竞争力，激发员工工作热情，有助于形成良性的竞争循环。

第二，企业文化是把员工个人发展融入企业长远发展的关键点。让员工自觉接纳企业发展计划与目标，接受企业的文化目标，并愿意付出努力，有利于企业的长远发展。

如何让企业文化真正落地，是每个企业管理者都必须认真思考的问题（见图7-6-2）。

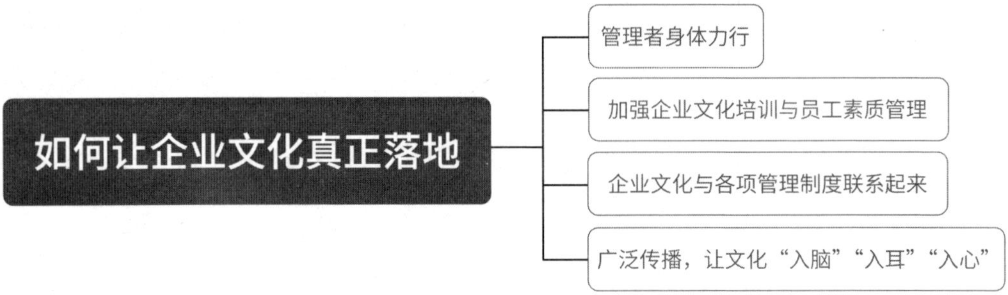

如何让企业文化真正落地
- 管理者身体力行
- 加强企业文化培训与员工素质管理
- 企业文化与各项管理制度联系起来
- 广泛传播，让文化“入脑”“入耳”“入心”

图7-6-2　如何让企业文化真正落地

首先，管理者身体力行。管理者作为企业领导者、决策者，也应该是企业文化的践行者。管理者必须做好带头示范，调动全体员工工作积极性，推动企业文化落实到生产、经营、管理、销售、服务中去。

其次，加强企业文化培训与员工素质管理。单纯宣传和讲解企业文化，不利于员工接纳。企业需要加强企业文化培训，并积极提升员工素质。比如，企业可以定期开展技能或者业务能力水平培训，也可以在淡季的时候开展专业知识讲座，甚至可以组织优秀员工进行经验分享。企业也可以定期组织专家对员工进行指导和建议，并对不好的工作习惯和其他不足之处进行及时总结和改进，实行专业化培训和管理。

再次，企业文化与各项管理制度联系起来。企业文化不仅仅是一句口号和一句标语或者一本员工手册，更重要的是形成制度化。所谓“制度化”就是把生产、销售、经营、管理制度都在企业文化指导下不断修正与完善。

最后，广泛传播，让文化“入脑”“入耳”“入心”。企业文化也需要做到广泛传播，最直接的方式就是塑造文化落地的榜样。比如，那些敢于突破常规，敢于创新或者专注于自己本职工作多年的员工事迹，都可以作为宣传的重点。企业可以通过专访报道或者微信公众号等方式，做好企业文化及先进员工事迹的宣传，让所有员工潜移默化被优秀的企业文化所感染和熏陶。企业还可以通过组织各种文娱活动或者征文、演讲比赛，激发员工活力，歌颂企业文化，让员工真正从自己的角度感知和宣传企业文化。同时，企业也要关注到困难员工，帮助员工解决实际困难，让员工感受到企业大家庭的温暖和关怀。

总之，企业文化只有在企业团队与员工之间真正落地生根，转化为工作的激情和动力，真正提升了工作效率，促进了企业的发展，才能使企业文化真正开花结果。

硬实力篇

# 第八章 一路过五关斩六将

# 1. 真正负责的企业家是这样的

企业是一个以营利为目标的组织，其出发点和归宿都是营利。企业成立后便面临竞争，如何在激烈的市场竞争中获得一席之地，是每个企业管理者关心的问题。因此，无论是大型企业，还是小微企业，都会制定各种制度来激励员工，使其积极主动地为企业创造利润。

如果员工的贡献度一连几年都不能达到标准，岗位调整若干次后工作表现依然很差，那么对其进行辞退便成了必然。如果管理者碍于员工为公司工作多年而对其网开一面，那就给其他员工传递了一种信息——完不成工作也没有什么大不了，自己现有的职位和薪水都不会受到影响。这必然会导致员工消极怠工，使公司的发展大受影响。

因此，企业主动解雇员工，对企业发展是十分必要和重要的（见图8-1-1）。

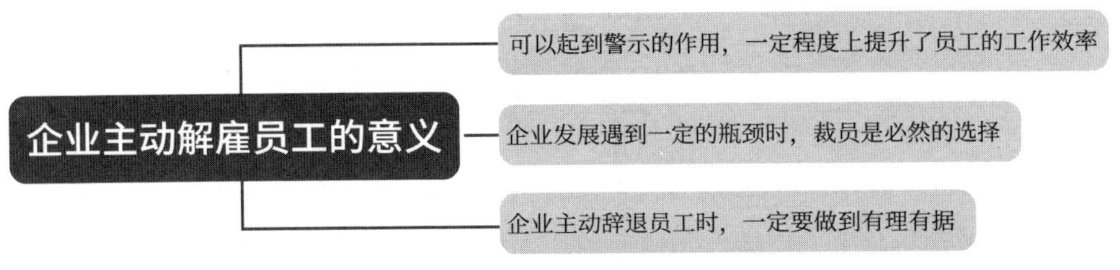


图8-1-1　企业主动解雇员工的意义

首先，企业主动解雇员工可以起到警示的作用，一定程度上提升了员工的工作效率。企业想要发展就需要保持员工的积极工作状态，通过辞退部分不合格的员工，招聘新的员工，便可以保持企业的活力和新鲜血液，这样做符合“鲇鱼效应”。人为刺激所有员工竞争，让大家感到压力的同时，通过不断提升自我和工作效率达到工作标准避免被裁员。

其次，企业发展遇到一定的瓶颈时，裁员是必然的选择。企业遇到资金问题或者运营成本太高的时候，生产、销售成本没办法降低的情况下，减少工作人员就成为自然的选择。企业通过裁员，便可达到降低成本，提升工作效率，增加利润的目的。

最后，企业主动辞退员工时，一定要做到有理有据。员工在无过错的情况下被企业辞退违反《中华人民共和国劳动法》的相关规定，员工可以到相关监察部门进行投诉或者到法院起诉。因此，企业在员工入职培训时就必须明确其工作内容、职责，也可以把每日、每月工作进行量化，这样才能更好地形成标准对员工工作进行考察和评估，也能更好地反馈员工的工作状态和效率是否达到公司的要求。

当员工出现以下这些情况时，企业管理者应该主动辞退他。

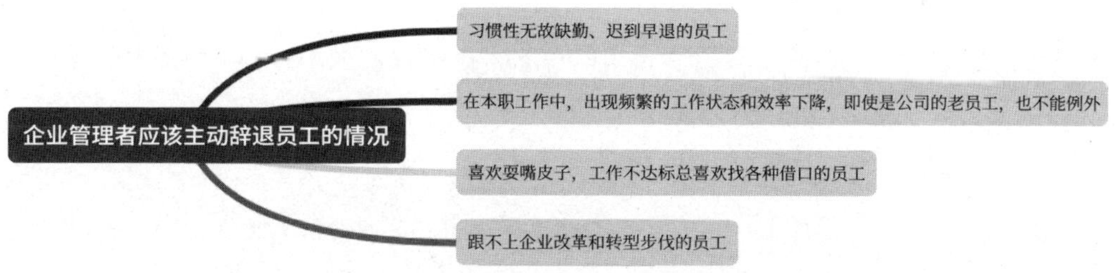


图8-1-2 企业管理者应该主动辞退员工的情况

第一，习惯性无故缺勤、迟到早退的员工。如果员工是由于突发状况，比如生病、家中有事或者突发车祸等导致缺勤或者迟到，那么企业可以对其网开一面。但是，频繁使用各种理由缺勤，这样的累犯就必须让其为自己的行为付出代价。

第二，在本职工作中，出现频繁的工作状态和效率下降，即使是公司的老员工，也不能例外。工作效率和状态出现起伏是很正常的现象，因为有的项目周期长、任务繁重、员工精力耗损严重，这时员工状态差并不是他们不认真，而是想短暂休息缓解一下压力。但是，如果员工总是延误工期，总是需要他人协助和督促才能完成工作，而且工作效率、质量依旧无法保证，企业管理者想尽各种办法给予帮助，依旧无法改变这种状况，那么只能让员工离开了。

第三，喜欢耍嘴皮子，工作不达标总喜欢找各种借口的员工。员工善于表达和沟通没有错，但是如果员工总是在工作过程中利用耍嘴皮子的优势来给自己找借口，或者与客户发生争执，则会导致团队不和谐，也会让客户心存芥蒂。让这样的人留下必然会引发一系列麻烦，因此要尽早让其离开。

第四，跟不上企业改革和转型步伐的员工。一个公司想要发展一定会出现变革与转型，如果员工不愿意付出努力，不愿意跟随企业的步伐做出改变，最终只能被淘汰。

总之，企业主动淘汰员工很有必要，这可以让优秀的员工脱颖而出，也可以让阻碍企业未来发展的员工离开队伍，优胜劣汰才能提升工作效率，实现利润的增加。

## 2. 减少管理人员

随着企业生产规模的扩大与管理人员的不断增多，很容易出现“一线紧，二线松，三线肿”的现象。一线二线指的就是直接从事生产的工作人员和班组长、维修员等，而三线工作人员就是中高层管理者。中大型企业很容易出现管理人员过多的现象，因此如何把管理人员降到最少，调配好管理人员的架构，在保证效率的同时，把成本降到最低，便成了企业管理的关键。在企业管理中，需要把握以下几个原则（见图8-2-1）。

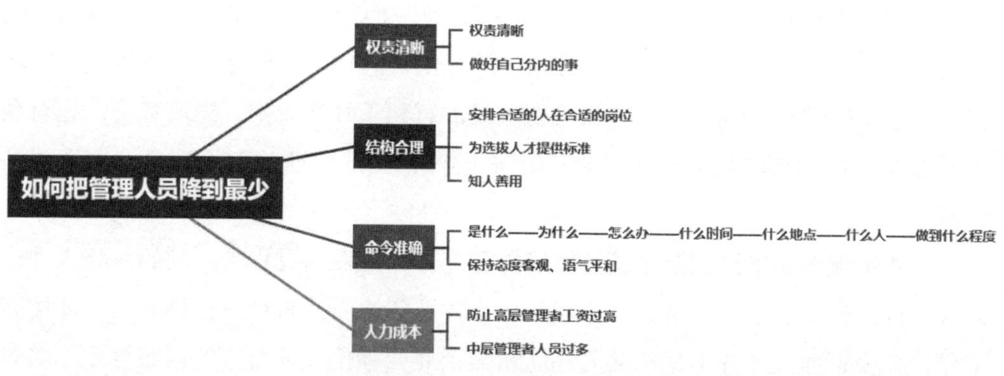


图8-2-1 如何把管理人员降到最少

第一，权责清晰。如果一个企业在职位上有着明确的级别“总经理——总监——经理——各部门主管——班长——组长——基层员工”，但是各个级别之间的权责不清晰，会导致每个级别都不知道自己应该干什么，遇到问题就会出现互相推诿的现象。企业要想改变这种情况，就应该做到“权责清晰，做好自己分内的事”，把各个级别、岗位应该包含的工作范围在制度中明确出来，而不是把中高层只当作信息的传递工具束之高阁。

第二，结构合理。所谓“结构合理”，指的就是安排合适的人在合适的岗位。首先，企业应该为选拔人才提供标准，即把每个岗位需要的专业、学历标注清楚，然后根据工作职责、工作内容、工作流程等给出其他应该具备的任职资格，并对员工进行全方位的分析和梳理。其次，企业要做到知人善用，即根据员工的特点分配适合的岗位。比如急性子的适合开拓创新的工作，慢条斯理的适合行政规划类工作，内向的更适合技术岗位，外向的则更适合人事管理或者与陌生人打交道的工作。

第三，命令准确。管理层对员工下达命令要做到准确、及时，把企业的远景目标和近期战略都一一传达给下属执行，这样才能保证工作执行的力度和进度。为了让员工更准确理解命令，管理者可以尝试用“是什么——为什么——怎么办——什么时间——什么地点——什么人——做到什么程度”的方法来描述自己的命令。要想命令传达得准确，应避免加入自己的主观想法，要保持态度客观、语气平和。

第四，人力成本。企业想要提高整体的利润，不仅需要降低产品的成本（这里的成本包含原材料成本、人力成本和行政成本），提升生产效率，还要对管理层的工资做好分配，并调整好生产与管理人员的比例，防止高层管理者工资过高、中层管理者过多的现象出现。企业精减管理人员，有利于降低成本、提高效率，也有利于调整企业的内部结构，促进企业的正常运转和提升管理效率，为企业创造更多价值。

人才是强企之本，创新之源，发展之基。在企业发展过程中，要始终将人才作为求生存、谋发展的核心资源，不断强化人才队伍素质，有针对性地开展人才培养工作。减少管理人才并不是精简人才队伍，企业要强化人才力量的自我孵化，培养锻炼一批年轻、有活力的创新型、复合型领军人才，保障企业健康持续发展。

## 3. 少开会，提升会议效率

开会，无论对企业管理者还是普通员工来说，是每周可能都会进行的一件事。开会，作为一种上级与下级集体沟通的方式，是很有必要的，但并不是开会越多管理就越有成效。反之，开会过多，可能会导致企业管理效能低下。

经常开会无论对于员工还是管理者，可能都会沦为一种形式或者负担，而忽略了开会真正的本质应该是解决问题。一般来说，开会过于频繁会带来以下弊端（见图8-3-1）。

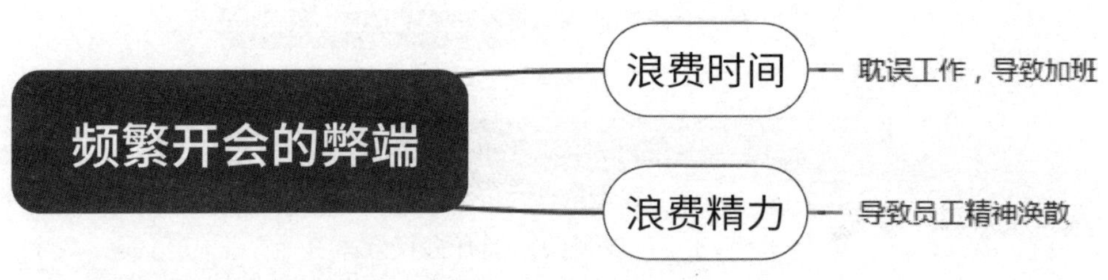


图8-3-1 频繁开会的弊端

首先，浪费时间。每次开会少则需要几十分钟，多则需要几小时，有的甚至出差开会好几天。尽管开会的时间都会提前做好通知和安排，员工和管理层也会提前做好入会准备，把手头的工作暂时放下。但是，开会占用的时间，并不会作为影响工作进度的因素。也就是说，开会占用的工作时间，员工为了不耽误工作进度，就必须加班加点或者通过提高工作效率赶上来。最可怕的是，有些会议可有可无，甚至变成大型聊天、扯皮、吵架现场，这样耗费工作时间就成了必然。

其次，浪费精力。员工日常工作的状态和开会时的状态肯定是不一样的，有主题、能真正帮助员工解决问题的会议可以起到振奋人心的作用。反之，一场没有主题、走过场和形式的会议，只会让员工哈欠连天、精神涣散。每个人的精力是有限的、把精力都耗费在各种会议上，工作时势必会导致精力无法集中，最终影响工作进度。

作为企业管理者要本着“提升效率，解决问题”的思想来开会，减少不必要的开会，提升会议的效率和效果，使会议真正发挥应有的作用（见图8-3-2）。

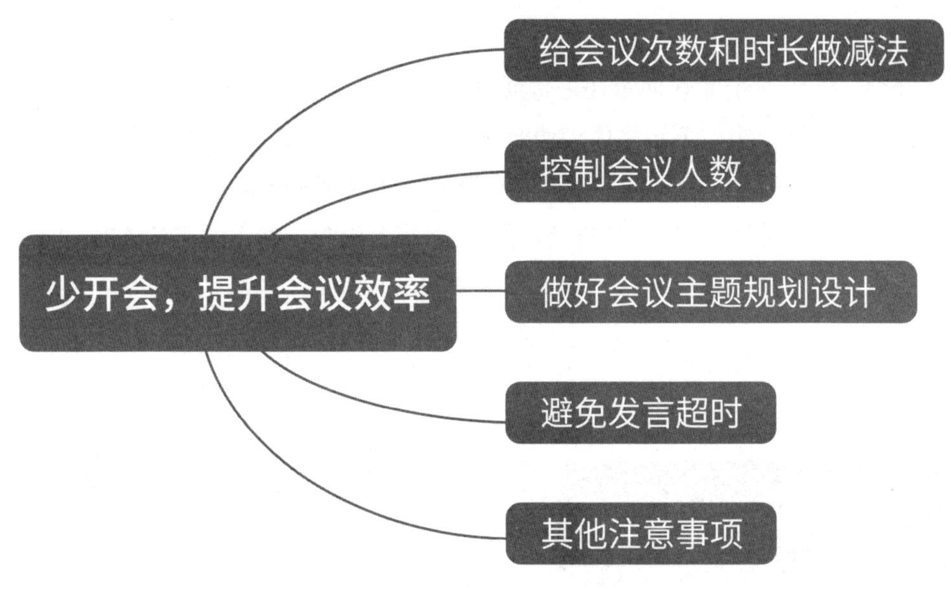


图8-3-2 少开会，提升会议效率

首先，给会议次数和时长做减法。比如，脸书的公司制度中就规定非必要不开会，以免增加程序员的工作负担，影响项目进度。避免会议时间过长，可以在午饭前或者下班前开个简短的会，一定要注意时长，千万不要耽误员工吃午饭或下班。

其次，控制会议人数。参加会议的人数并不是越多越好，能不参加就不参加。重要的会议，通知能够定夺意见的，能够代表部门或者企业意见的人员参加即可。召开企业外部会议，应该提前计算好会议时长。就算无法做到分秒不差，也应该知晓什么内容可以少讲几分钟，什么内容可以随着大家实际听讲的情况灵活调整。

再次，做好会议主题规划设计。这种规划不仅指主讲人要做好会议演讲的准备，也意味着与会人员都应该提前对讨论内容进行准备和思考，带着问题和自己的想法进入会议。同时，会议宣讲过程中也应该提前做好各种技术设备的调试，比如线上会议要提前准备好PPT和文件播放。

最后，避免发言超时。与会发言要注意言简意赅，关于项目研发、融资、路演或者新产品发布推广等，都需要注意说话的节奏、要点，不要讲一些与主题无关的话题，耽误大家时间。

另外，其他注意事项。注意做好会议纪要和会后追踪，让会议真正发挥效力，并做好反馈和执行。

开会是上下级之间沟通的一种方式，但是也应该讲究效率。

## 4. 减少日常不必要的开销

什么是日常不必要的开销呢？日常不必要开销是指可以节约的一些费用。如果管理者和员工都节俭一些，都尽量减少日常不必要开销，企业将获得巨大的利润空间。

那么，企业如何减少日常不必要的开销呢？可以尝试从以下几个方面做出改变（见图8-4-1）。

图8-4-1　企业如何减少日常不必要的开销

第一，节约差旅费用。尽量不买头等舱或者动车一等座，可以购买经济舱或者动车二等座；住宾馆，非必要不住五星级酒店，可以提前在App寻找一些特价房源。住宿条件和乘坐的交通工具是否高档，并不能体现一个人或者一个公司的身份或者价值，公司员工也无须通过这些因素来证明自己的重要程度。公司能够赚取更多利润，能够更好地运转，才是最为重要的事情。另外，管理者或者项目沟通时能够通过电话、语音或者视频、互联网会议等方式进行时，便没必要非得安排员工出差。有的员工会以出差为借口，给自己偷偷放假。因此，减少不必要的出差是很有必要的，可以节约一大笔开销。

第二，节约办公用品及设备方面的支出。具体来说：公司内部文件可以双面打印，打印前一定要确认文件是否正确，打印页数非常多的时候，可以缩小段落间距、减小字号、缩小页边距，这样一张纸就可以容纳更多的文字内容；日常消耗的办公用品要提倡节约，严格审批和控制办公用品的数量；办公室的电脑、空调、打印机等办公设备，下班时或者不使用时要及时关机；空调温度不要调得太低，开空调时窗户和门要注意及时关闭。

第三，降低流通和库存成本。很多企业都存在流通成本高的情况，其实就是因为流通环节过多，没有做好提前部署和规划，导致产品经常在物流集散地一直徘徊，增加了很多不必要的成本。企业应该采用科学的管理制度，充分利用互联网信息化，降低流通成本，也可以充分利用各种大型机械来搬运货物，降低人工搬运成本。另外，企业要做好库存管理，尤其不能在拥有大量库存的情况下再大量购入原材料，这样可能导致大量资金被占用，而且储存原材料也是需要一定费用的，这无疑会增加企业的成本。

第四，找兼职或者老员工分担离职员工的工作。公司有员工离职，不要立马招新人入职或者培训新员工代替，而是安排现有员工分担该员工的工作，或者可以临时找兼职承担。

第五，管理者亲自签署各种支票。管理者可以每周定期亲自签署支票，目的就是知道公司所有项目的支出和花销，起到监督的作用。

企业把钱花到“刀刃上”很有必要。减少不必要的开支，就可以在一定程度上节约成本，促进效益提升，真正把钱用在满足客户和市场的需求上，从而实现利润增长。

# 5. 盲目广告宣传是“深渊”

如今是媒体营销时代，很多企业都觉得应该把钱花在广告营销上，这样才能让更多的客户和消费者看到自己的品牌和产品。其实，媒体广告传播与营销变现并不完全等同，企业盲目陷入“广告营销”的深渊，最终可能养肥了媒体与广告公司，企业却没有获得更多的盈利。

企业盲目投放广告，往往会进入这样的误区（见图8-5-1）。

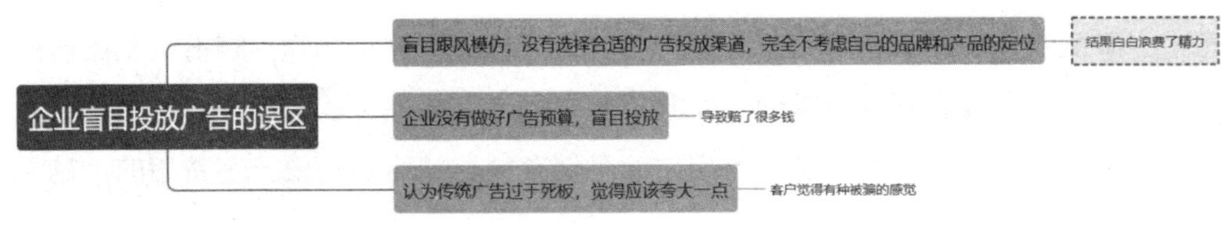


图8-5-1　企业盲目投放广告的误区

第一，盲目跟风模仿，没有选择合适的广告投放渠道，完全不考虑自己的品牌和产品的定位。有的企业陷入了盲目跟从的心理误区，觉得做直播卖货挣钱，就一窝蜂寻找明星、网红做直播；看到有的企业启动了团购或者清仓价甩卖，很快各个企业也开始复制。这些企业完全不管自己是否适合这一方法，便开始跟风模仿，结果白白浪费了精力。

第二，企业没有做好广告预算，盲目投放。广告上的投入并不与利润成正比，“没有大量的广告投入就无法获得收益”的想法是偏激的，也是错误的。做产品、做品牌甚至做企业，都是一个长期积累的过程，不是“一蹴而就”的。因此，企业没有做好广告预算，没有仔细评估自己的企业，便在广告营销上投入大量金钱，并不一定会带来大量的新客源，很可能导致赔了很多钱。

第三，认为传统广告过于死板，觉得应该夸大一点。如果企业一味夸大或者做虚假宣传，客户最多上一次当，不会重复购买该产品，这便会使企业失去持续的客源。同样，企业如果承诺客户产品的品质和发货速度，实际上却“以次充好”或者将积压、过期产品重新包装卖给消费者，或者客户下单半个月后都无法发货，就可能导致失去客户的信任。

企业想大量投放广告，通过做好传播来扩大自己的市场，需要遵循以下的方法和步骤（见图8-5-2）。

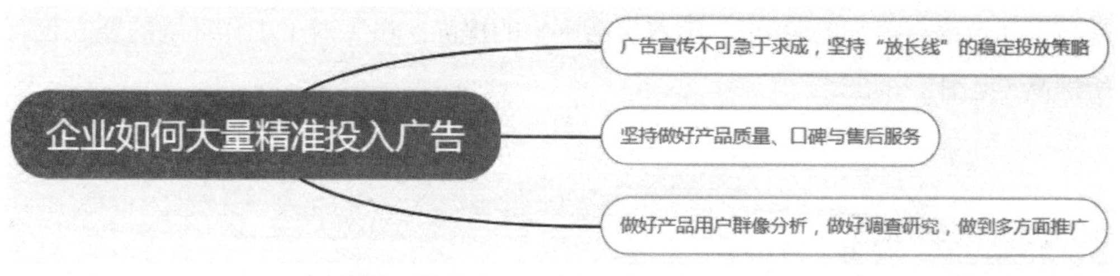


图8-5-2　企业如何大量精准投入广告

第一，广告宣传不可急于求成，坚持“放长线”的稳定投放策略。所谓“稳定”投放，就是企业要做到坚持长期投入。比如，每个月固定投入多少钱作为广告营销的费用，坚持连续投放，而不是把一年的广告费用都花在某个月。这种广告投入的策略迎合了人们的心理，人的记忆是具有连续性的，只有经常“见面”的产品才有机会被客户记住，才可能被认可。

第二，坚持做好产品质量、口碑与售后服务。随着企业发展规模越来越大，如果后续售后服务跟不上，无法给客户更好的体验，这对企业长远发展来说是十分危险的，甚至会影响产品营销和各种业务的转化，最终导致口碑变差。企业保证产品质量的同时，还是应该做好售后服务，这样才能真正靠口碑帮助企业留住更多的客户资源。

第三，做好产品用户群像分析，做好调查研究，做到多方面推广。数字时代，广告投放渠道越来越多元化，企业更应该做好产品用户群像分析，做到多方面推广。

数字化传播时代，企业想要赚取更多的利润，就要控制好广告营销方面的成本，做到精准投放，不浪费广告营销费用，这样才能实现企业可持续发展。

# 6. 控制好办公面积

《敬业度与全球办公场所状况》调查报告中曾指出："员工对办公环境的认可程度与工作效率有很大的关联。"随着生活水平的提高，员工对于工作环境的要求也有所提高（见图8-6-1）。

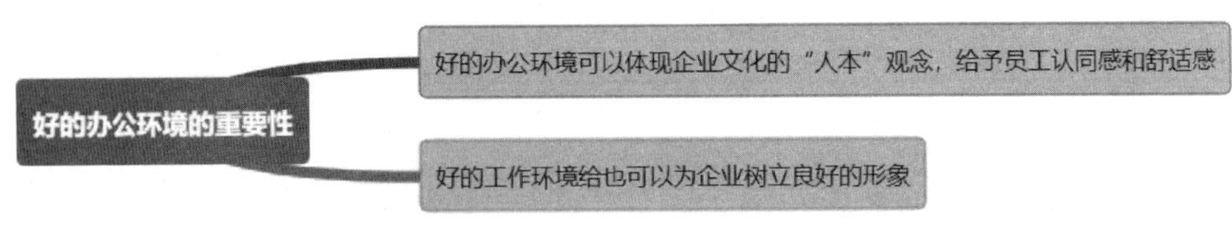


图8-6-1　好的办公环境的重要性

好的办公环境可以体现企业文化的"人本"观念，给予员工认同感和舒适感。创造良好的环境，体现了企业为员工提供便利和服务的精神，也可以成为吸引新员工的一种方式。而且，求职者对环境是有所要求的，或许他们初入职场时对工作环境没有要求，但是有了经验和资历，就会对工作环境有所追求。毕竟没有人喜欢在杂乱、嘈杂的工作环境中工作。

好的工作环境也可以为企业树立良好的形象。比如与客户洽谈业务，有品位的设计会给客户一种专业和可靠的感觉，甚至可能给公司带来更多业务量。

但是，这并不意味着办公环境越好，装修的功能区越多就越能提升员工士气和工作效率，还需要考虑企业的经济实力和实际需要。比如，刚起步创业公司或者一些小微型企业，如果办公面积太大或者装修过于奢华，势必会影响企业的利润和收入。但是办公空间太小，又会让员工觉得过于狭窄，无法保证工作的安静性，也很难长时间集中精力，最终会导致员工的工作效率低下。

那么，如何为员工打造良好的工作环境呢？不妨从以下几个方面入手。

第一，办公空间的大小与企业的类型和经济基础有关。如果你的公司是一个设计公司，那么办公室面积不需要特别大，但是需要把工位安排得井然有序，采取开放式布局即可，打造一种干净、安静的感觉。但是，需要在会议室的布置上做好安排，方便召集设计师集体开会讨论或者接听客户的电话。如果你的公司是一个律所，则需要留出足够的接待室和足够的储藏空间，当然空间面积就要大一些。而且，办公面积的大小也取决于企业的创业阶段，初期的时候由于资金有限，办公空间面积不宜过大。

第二，根据员工数量和其他办公面积，综合考虑办公空间的大小。所谓办公空间，其实就是标准工位的面积与普通员工数量相乘，加上高层人员所需要的办公面积，再加上休闲、卫生间、前台、会议室等其他办公区域的面积之和。由于办公室租期一般是1~3年，所以员工的数量可以综合企业未来2~3年的发展规模来进行评估确定。

第三，需要大量线上客服的个体企业，租个小型办公室即可，因为大部分员工会居家办公。特殊时期，比如遇到疫情或者突发的灾难，居家办公除了能够为企业节省办公租金外，还不耽误线上工作。

总之，企业选择办公空间并非越大越好，或者功能越齐全越好，而是需要综合考虑企业自身需求和资金等因素。

硬实力篇

# 第九章 持续成长的秘密

## 1. 金牌服务就是利润

什么是金牌服务？所谓金牌服务，就是员工愿意为客户主动提供优质的服务，而且提供的服务具有可持续的商业模式和价值，客户的深层次需求和期望值能够被满足（见图9-1-1）。

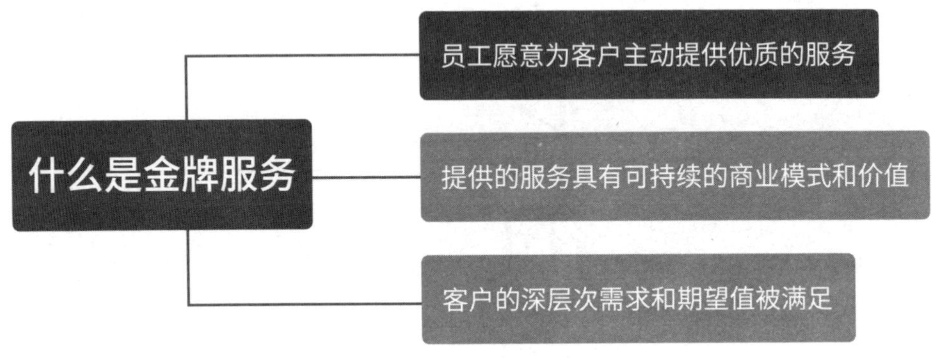


图9-1-1　什么是金牌服务

企业如何才能打造金牌服务，并把这种服务转化成利润呢？（见图9-1-2）。

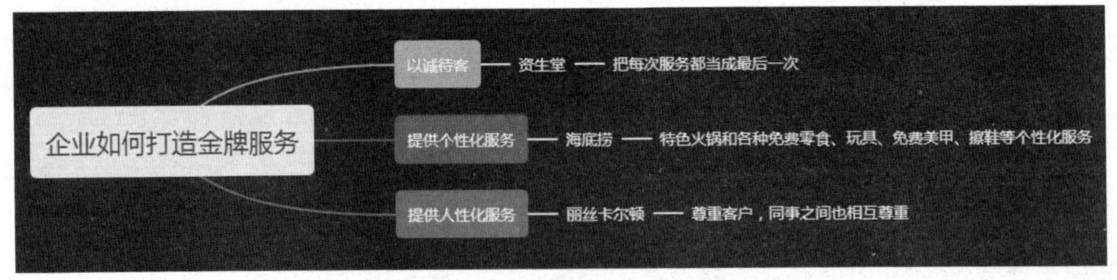


图9-1-2　企业如何打造金牌服务

第一，以诚待客。以已经有150多年发展历史的日本资生堂护肤品牌为例，其一直秉承“以诚待客，用心服务”的理念，无论对待老客户还是新客户都会一视同仁，会把与客户的相遇当作一生难得遇到的缘分，把对客户的服务当成最后一次服务，十分珍惜服务机会，会根据客户的肌肤特质和整体气质来选择和推荐护肤品，致力于发现客户的美，把服务细节做到极致，因此收获了客户的信任和赞誉。资生堂具有美容护肤经验丰富的美容顾问，她们会用心服务客户，把爱与真诚以及自己对美的理解，融入每一次为客户服务之中。

第二，提供个性化服务。成立于1994年的海底捞，截至2022年营业收入已达165亿元。一家火锅餐饮企业居然可以发展到这样的规模，靠的就是其个性化的服务。客户在等餐时可以享受免费的饮料和小零食，客户等不及想要离开时，店员会用各种方式挽留客户，比如免费擦鞋、主动聊天解释；吃完火锅后，女生还能享受免费的美甲服务；遇到客户带着小朋友时，店员会暖心地帮忙带娃，为宝宝送上玩具；有过生日的客户，店员还会唱歌、送生日惊喜和蛋糕；连最简单的抻面，也被员工融入了变脸和中华武术……似乎，客户在海底捞总能收获惊喜和满意的服务，客户愿意为这样的美食和服务买单，也愿意下次再来。

第三，提供人性化服务。成立于1927年的丽丝卡尔顿在全世界共有6000多家酒店，其最重要的经营理念就是服务至上，不仅会提供人性化服务，而且认为员工才是优质服务的创造者和提供者，因此，丽丝卡尔顿的每一位员工都有2000美元的处置权，用来解决任何客人的投诉和不满。该企业的员工之所以能做到真诚尊重每一位顾客，是因为整个企业及其企业文化就是相互尊重。从面试开始，面试者便能感受到来自企业的善意与关心，企业会提前在地铁站旁由专人身着制服负责指路，沿路还会挂满丝带，入口处还拉上大横幅表示欢迎。面试结束时，企业还会送上自己生产的巧克力作为礼物感谢。员工体验到这样关怀备至、人性化的服务，会发自肺腑地觉得自己也应该这样服务每一个客户。

金牌服务其实是一种利润策略，因为提升服务就可能吸引更多的客户，获得更大的溢价空间。

## 2. 将中医理论应用于质量管理

一天，名医扁鹊被魏文王召见。魏文王突然问扁鹊：“我听说你们兄弟三人都是行医问药之人。在你看来，你们三个人谁的医术最为高明呢？”

扁鹊认真地回答道：“我大哥医术最为高明，其次是我的二哥，我的医术在他二人之下。”

魏文王不解地追问：“可是你的名气却是最大的，这又是为什么呢？”

扁鹊解释道：“我大哥一般在病人病情发作之前就会通过物理疗法将其治好，所以大家不觉得他是在治病救人，他的名气也就没办法传扬出去，只有我们自己家的人知道究竟是怎么回事。我的二哥救治病人多在刚刚发病之初，稍微开一些药方，就可以治愈病人，所以很多人给他的定位就是能治疗一些常见的小病，他也只在我们附近的乡野比较出名。而我扁鹊，经常是有病人病入膏肓之时才找到我，治病时不是见我扎针放血就是在皮肤上敷药或者在经脉上扎针穿刺，所以大家觉得我医术高超，名声自然传扬范围较广。”

这个故事是想表达“大治不如小治，治病不如防病”。这个道理应用到企业质量管理中同样适用，提前防范生产过程中的问题比出现了问题再去解决要好得多（见图9-2-1）。

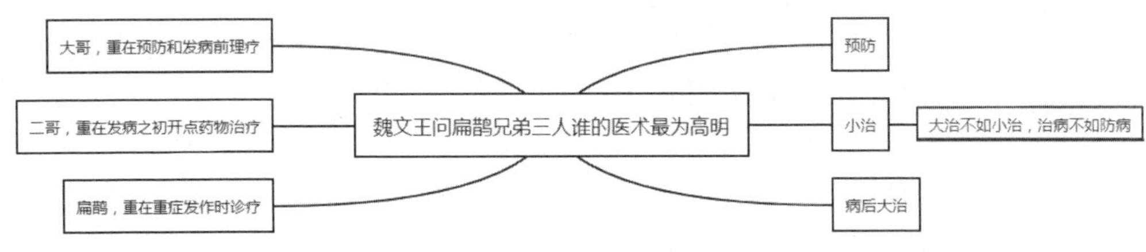


图9-2-1　大治不如小治，治病不如防病

想要确保企业生产出来的产品质量是过关的，是符合各项国家标准的，是有能

力与同类产品一较高下的，是可以得到消费者认可和喜欢的，就必须做好日常质量控制和保养，还要做好定期质量监测控制，而且出现质量问题，还要及时补救和解决。具体来说应该这样做（如图9-2-2）：

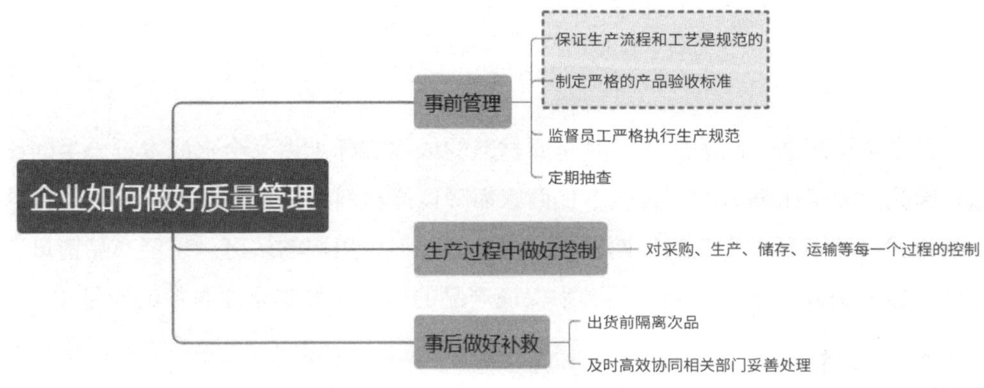


图9-2-2　企业如何做好质量管理

第一，事前管理。首先，在生产产品之前就做好预防管理，比如企业需要制定合理、科学、可执行的生产流程规范和标准，这是需要企业生产部门反复实践和总结的，也是兼顾质量和效率的。其次，企业不仅需要制定严格的员工工作标准和产品出厂标准，还要认真执行，保证员工在产品生产上遵守流程和制作工艺的规范，不敢有丝毫的懒惰和懈怠，甚至侥幸心理。最后，企业要定期或者不定期做好监督和抽查，及时发现问题并解决问题。

第二，生产过程中做好控制。这就要求企业从进货、生产、运输、储存、销售、售后服务等各个环节做好质量管理。也就是说，企业的所有生产环节都必须有严格的标准和规范，确保每个员工熟悉自己的工作内容和工作标准，并对自己的工作内容负责到底。

第三，事后做好补救。任何企业都可能遭遇“百密一疏”，这就要求企业做好事后处理和及时补救的工作。当然，企业在产品出厂之前发现质量问题最好，这样可以及时处理销毁，避免影响企业形象。如果有质量问题的产品已经流入市场，而且已经被部分消费者发现问题，甚至已经被媒体曝光、被相关部门发现，这时企业不要“避而不谈”或者说谎抵赖，而应该配合相关部门做好善后，及时补偿消费者。

总而言之，质量问题被发现越早越好，因为这样对于企业而言损失更小。

# 3. 严格把好原材料关

很多企业制造产品的成本尤其是原材料的成本实际上占了全部成本近一半的比重。因此，为了压缩成本，有些不良商家靠降低原材料的品质来赚取更多利润。这样的方式显然不利于企业的长期发展。企业想要得到用户的认可，想要产品销量有保证，想要赚取更多的利润，便必须保证产品的质量，尤其是原材料的质量（见图9-3-1）。

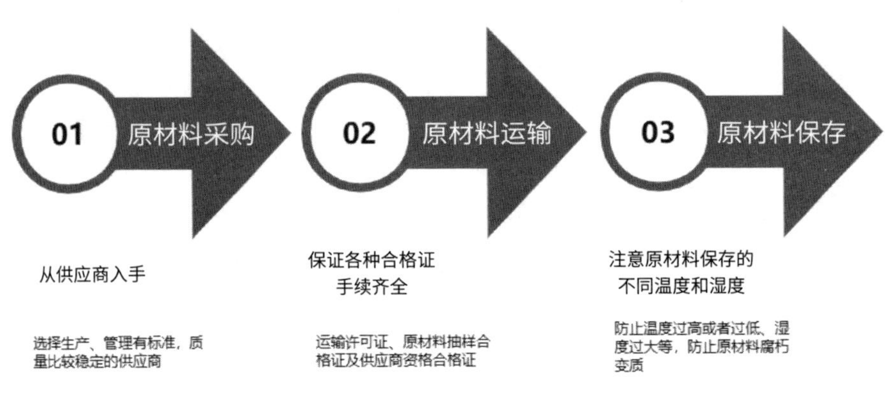


图9-3-1　如何保证原材料质量

那么，如何保证原材料的质量呢？一般可以考虑从以下几个方面入手。

第一，原材料采购。从供应商入手，在做好市场调查的基础之上，选择生产、管理有标准，质量比较稳定的供应商，并建立质量标准信任档案。接着，从供应商中做好筛选，在原材料样品中进行取样，然后一并送到有资质的质量检测站进行鉴定。企业根据检测的结果进行对比，从中选择质量最优的厂家，作为自己的长期稳定供货商。企业也应该做好抽查，随时对供货商的原材料进行抽样调查，从根源上保障供货商的原材料质量。

第二，原材料运输。首先，原材料运输必须保证各种合格证手续齐全，比如运输许可证、原材料抽样合格证及供应商资格合格证。其次，对于食材等容易腐烂或者破损的原材料，一定要在运输时做好保护，尽量使用规范的包装和运输工具；特殊原材料要使用专用冷藏、冷冻运输车，保证消毒、清洁、防腐、防潮，保持运输车辆的清洁无异味，并做好定期保洁和维护。最后，原材料运送到指定地点后，也应该摆放整齐、明码标识、做好分类和整理、标注好日期及接收人，做到原材料运输进场有效追溯可查。

第三，原材料保存。原材料一般保存在仓库或者柜子里，因此首先保证有足够的空间储存，以免减少不必要的碰撞和摩擦，导致原材料损坏，也可以通过加固原材料外包装等方式，保护好原材料。其次，注意原材料保存的不同温度和湿度，防止温度过高或者过低、湿度过大等，防止原材料腐朽变质。最后，原材料应该有专人保管，也应该注意加盖防水、防潮、铺垫等室内保管材料，不可以放任不管，否则恶劣天气可能会对原材料的品质带来不良影响。

原材料对于产品生产来说非常重要，因此，企业必须遵循一定的标准和原则，才能保证原材料的质量和品质，真正从源头上避免对产品质量产生不良影响。

## 4. 始终以客户需求为根本

一个家庭主妇到菜市场想要买喜欢的水果，但是从头逛到尾都没找到心仪的水果。

原来当这个主妇想要购买西瓜时，摊主们会热情地介绍：“您好，这西瓜是山东沙地的，又沙又甜。”还有的摊主介绍说：“这是咱们河北的本地西瓜，新鲜又好吃，保沙保甜。”主妇面露难色，直摇头。

这时一个小伙子见状，直截了当地问道：“您好，请问您想要什么样的西瓜呢？”主妇这才微笑着说：“我儿媳妇刚怀孕，最近胃口不好，总想吃点酸溜溜的东西，所以我不太想要那种甜度很高的水果，我想要的是酸枣之类的。”

小伙子立刻拿出酸枣：“您可以尝尝这个，这种是澳洲产的酸枣，富含各种维生素、氨基酸，很有营养而且酸甜适中。我这里还有新西兰产的猕猴桃，买回去在家放放，也是酸酸甜甜的，孕妇一般都喜欢吃。”

主妇很开心地买了酸枣和猕猴桃回家，第二天主妇又来买了猕猴桃，因为儿媳妇说，猕猴桃比酸枣更好吃。

从这个故事不难看出，产品质量虽然是客户选择的标准之一，但是产品还得满足客户需求，这样才能真正获得客户认可。

从质量的角度，保证以客户需求为中心可以做好以下几点（见图9-4-1）。

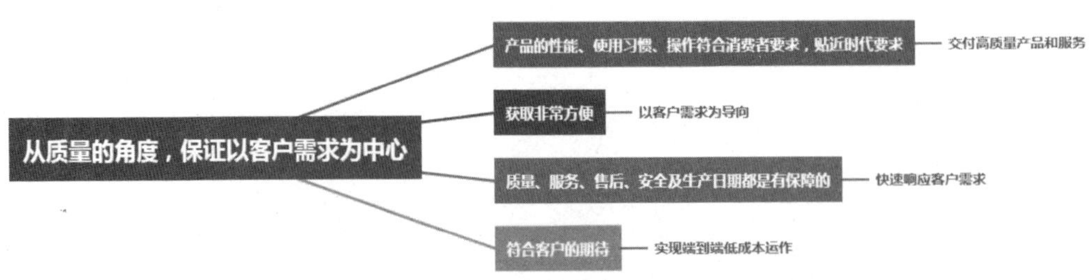


图9-4-1　从质量的角度，保证以客户需求为中心

第一，产品的性能、使用习惯、操作符合消费者要求，贴近时代要求。生产出来的产品无论性能还是操作，均要符合消费者需求和使用习惯，是符合时代要求的。没有市场和消费者需求，无疑产品就不可能被生产出来甚至销售；有了市场需要和客户需求，如果企业没有提供高质量、符合消费者使用习惯和满足需求的产品，而是以次充好，那么这样的产品也不会获得市场认可。企业应该秉承对消费者负责，为消费者提供高质量、高水平售后服务的原则来开展工作。

第二，获取非常方便。这就需要企业把满足客户需求贯穿到产品研发、生产、销售、售后服务的各个阶段，全程以客户需求为导向。这就好比火腿肠很好吃，但是在户外打开火腿肠很不方便，于是很多企业设计了火腿肠开口器和一拉就开的火腿肠包装，为消费者食用火腿肠提供了方便。

第三，质量、服务、售后、安全及生产日期都是有保障的。消费者购买产品，最希望得到的产品是优质的，日期是新鲜的，服务是有保障的，这些其实考验的是企业是否可以快速响应客户的需求。如今恰逢互联网时代，企业更应该思考如何快速满足客户的需求，而不是等到客户投诉或者媒体曝光后再去整改。真正想客户所想，为客户创造高价值产品和服务，才是每个企业值得去做的事情。

第四，符合客户的期待。客户需要有价值的产品，但是价格又不能太高，这就需要企业从端对端实现低成本运作。企业只有不断优化自己的产品，不断提升自己的生产效率和管理水平，真正把价格降下来，而且要保证产品的质量，客户才会优先选择这样的产品。实现端到端低成本运作，就是帮客户省钱，让利于客户，“同等质量和服务，价格最低”才是以客户需求为中心，才是企业应该主动追求的境界。

总之，企业应该生产以客户需求为根本导向的产品，把客户需求真正贯穿到生产、研发、销售和服务中去。

# 5. 质量管理上不能刻舟求剑

《刻舟求剑》的寓言故事想必大家不会陌生，讲的是楚国的一个人坐船过河时，身上佩带的宝剑不小心掉进河里。他没有立刻去打捞，而是拿出小刀在船舷上刻了一个记号。等到船靠岸后，他按照记号跳进河里寻找宝剑，却怎么也找不到。这时周围的人笑道："船只一直在移动，而你的宝剑并不能随着船只移动。你靠岸了再按照记号去找宝剑，又怎么能找到呢？"

这个寓言故事告诉大家，事物总是在不断地发生变化，人不能墨守成规，死守教条。

同理，企业质量管理的标准也不是一成不变的，需要根据市场环境和消费者需求不断进行精进。

具体来说，企业应该如何在质量管理上精益求精呢？（见图9-5-1）。

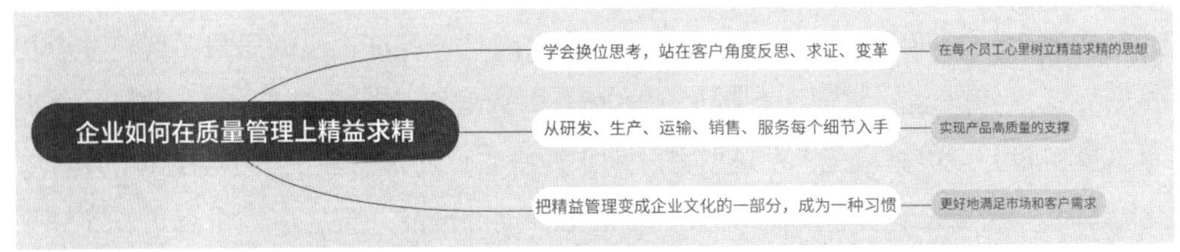


图9-5-1　企业如何在质量管理上精益求精

第一，学会换位思考，站在客户角度反思、求证、变革，在每个员工心里树立精益求精的思想。市场环境是不断变化的，客户的需求也是不断变化的，甚至可以说是日新月异，越来越精细化。那么，如果企业质量管理只是停留在固定的一个标准上，那么势必会被同行、市场和消费者淘汰。因此，无论是企业的管理者，还是普通员工都应该改变思路，站在市场和客户角度思考产品应该怎么改进，怎么才能更满足消费者需求，怎么才能让人更有购买欲，而不是等到产品面临淘汰时再去谋求改变。这就需要员工和管理者都要树立“危机意识”，要敢于突破和求“变”，树立质量上不断精进才能产生更多利润的思想。有了这样的思想，才能付诸行动，才能推动企业不断发展。

第二，从研发、生产、运输、销售、服务每个细节入手，做到精益求精。具体来说就是每个员工要知道自己的岗位标准和责任，切实把精益求精落实到自己的工作中。比如制作香烟的时候，负责投料的员工发现有烟梗，却选择视而不见，那么可能直接影响整个香烟制作的质量。反之，如果投料的员工发现烟梗后，哪怕只是抖了抖，并捡出烟梗，这样简单的动作既实现了原材料不浪费，还保证了香烟的品质和质量。当每个员工可以从小事、从细节推进质量精进，就一定可以取得降本增效的成果。

第三，把精益管理变成企业文化的一部分，成为一种习惯。“精益求精”是指追求更高的标准和更好的品质，不断改进和完善已有的东西。因此，做好质量的精益管理，需要企业从制度和文化上都做好管理。也就是，把质量管理的精益求精思想变成企业文化的一部分，让精益质量管理成为所有员工的工作习惯，成为大家为人处世的一种方式。

总之，企业想要实现精益求精，需要不断深化对精益求精思想的认知，也需要真正做到知行合一，立足岗位，抓细节，才能取得长足发展。

# 6. 质检是关键

质量检测就是对产品的功能、特性、生产过程进行测试、对比、分析，并且通过大数据的方式表现出来。截至目前我国专门进行质量检测的组织和机构已经多达几万家，检测行业也几乎涉及食品、农产品、化工产品、建筑、制造业等领域，侧重于对其产品的质量、功能、安全性能、环保程度进行检测。

质量检测对于所有企业及行业都十分重要和必要，因为产品出厂都必须对其质量进行检测和控制，保证其安全性符合出厂标准和安全标准。从广义的角度上看，企业做好质量检测，可以保障国民安全和经济质量，推动经济有序发展；从狭义的角度上看，质量检测对企业也是一种监督和提升，保证其生产技术和产品生产都是过关和不断提升的（见图9-6-1）。

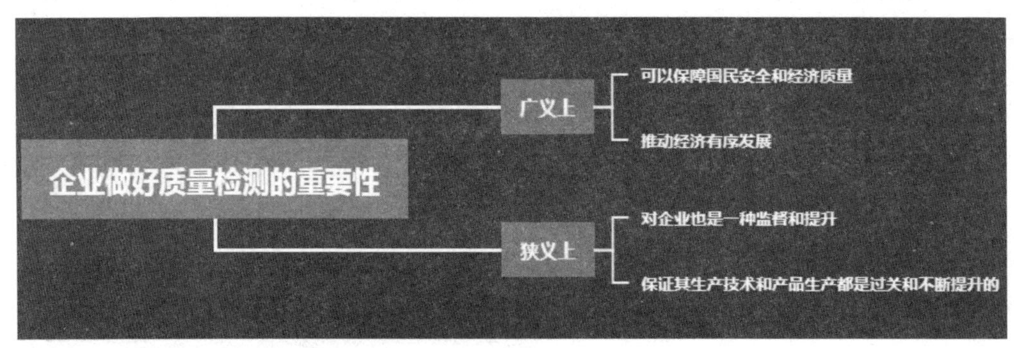


图9-6-1　企业做好质量检测的重要性

企业想要做好质量检测就必须在操作流程上下功夫（见图9-6-2）。

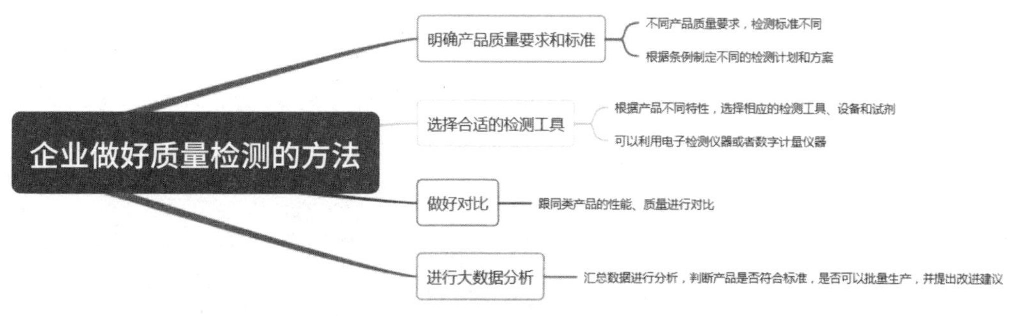


图9-6-2　企业做好质量检测的方法

第一，明确产品质量要求和标准。每个产品在生产时都应该有不同的生产标准，质量检测也应该有不同的检测要求，因此企业保证产品质量的前提就是必须明确不同产品生产标准和质量检测标准及要求，严格遵守生产规范和条例，尤其是应该提前做好质量检测的计划和方案。

第二，选择合适的检测工具。不同的产品有不同的检测方法和仪器，企业必须根据不同产品做好相应的质检计划和工具、方法的选择，比如选择适合的检测仪器设备，选择适当的工具和不同的试剂，最重要的是严格按照操作流程检测分析产品的性能。对于产品具体的构成元素，则可以通过更为精密的电子仪器或者数字计量仪器进行检测分析。

第三，做好对比。对比就是把同类产品的质量、性能与自己生产的产品进行对比，这种对比不是直接把企业的各种数据拿来引用对比，而是要通过自己的检测来进行严格比对得出结果。

第四，进行大数据分析。质检最重要的一个环节是做好大数据分析，在企业对所有数据进行汇总的前提下，综合比对各种检测结果、对比结果和分析结论，综合对产品质量做出评价，判断其是否符合生产标准，是否符合国家规定的各种安全标准，并有针对性地提出改进生产的建议和措施。

产品质量不仅对企业形象和可持续发展有着深远的意义和影响，而且对于消费者来说也是十分重要的，影响着其消费的选择和个人权益。因此，企业只有从根本上不断加强产品质量检测，从思想上重视质量检测，从方式方法上不断提升检测水平，不断提升产品的质量，才能真正有利于企业的发展，才能真正有利于我国经济繁荣发展。

硬实力篇

# 第十章 时间管理的递增法则

# 1. 坚持流程管理持续优化

流程指的是企业把员工行为固定下来的一种模式。如果企业可以把工作流程管理持续优化，那么员工工作起来会越来越顺畅，效率以及时间管理也会越来越优化。作为管理者如何实现流程的优化管理呢？（见图10-1-1）。

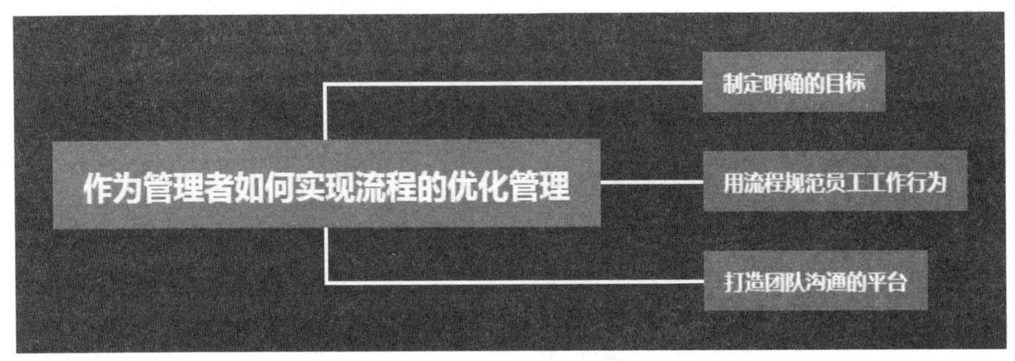


图10-1-1　作为管理者如何实现流程的优化管理

第一，制定明确的目标。对于企业来说，有了明确的目标（远景目标和年度目标），整个团队就有了行动的目标和方向。企业可以通过培训或者年会的方式，让员工了解和认可公司的远景目标和年度目标，将所有员工聚在一起，使他们为了共同的目标和梦想而努力奋斗。当然，目标的实现离不开制度的规范，平衡好企业和员工之间的关系，才能保证制度的顺利执行。管理者要坚持以身作则，影响和带动员工跟你一起行动。当然，目标的实现最重要的是贵在坚持。一个明确的团队目标包括：什么时间需要完成什么样的目标，各个部门之间应该采取什么方式来完成。细分的话，公司的团队目标包括：经营战略目标、核心竞争优势、企业成长方向、新产品研发、销售渠道的拓展、促销策略、组织结构优化、人力资源战略、企业文化建设等（见图10-1-2）。

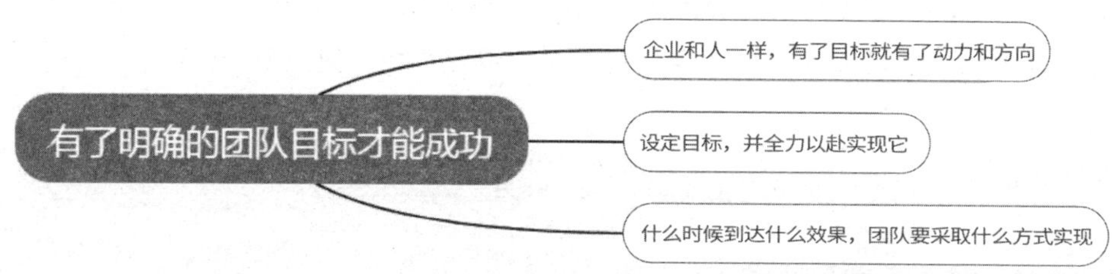


图10-1-2　有了明确的团队目标才能成功

第二，用流程规范员工工作行为。工作流程和工作制度的意义就是希望员工可以明确自己的工作内容和职责，也知道自己应该努力的程度，明确自己的目标是什么，如何很好地完成工作。虽然，严格的制度和标准的流程，对于很多员工来说，操作起来很麻烦甚至很难实现，但是只要坚持严格管理，不断实现流程优化，工作效率也有可能得到提升。规划员工工作流程和制度，不仅仅是口头上的一种约束，也一定程度上减轻了沟通的麻烦，还有助于员工建立良好的工作习惯，这对于企业长期发展是很有必要和意义的（见图10-1-3）。

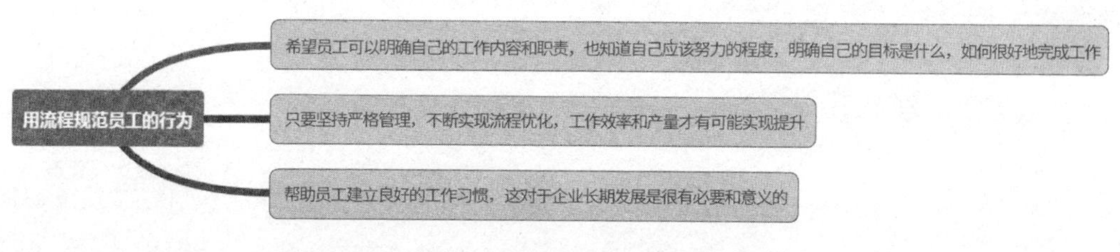


图10-1-3　用流程规范员工的行为

第三，打造团队沟通的平台。团队是由一个个独立的人组成的，每个人都有自己处理问题的方式和习惯，因此在工作的过程中一定会出现沟通不畅的问题。优秀的企业管理者应该善于制造机会与员工沟通，也懂得如何构建沟通的渠道与方式，而不是凡事都等着开会的时候被动听取员工的汇报。或许有的管理者认为，既然每个员工都有自己的工作内容和职责，是不是就意味着没有必要沟通呢？答案是否定的，因为任何工作和产品的生产都不是一个独立的过程，都需要所有员工的配合才能完成。因此，为了确保各个过程顺利衔接，就需要团队建立一个平台和渠道，在沟通之前了解清楚具体问题，实现信息共享、同步讨论（见图10-1-4）。

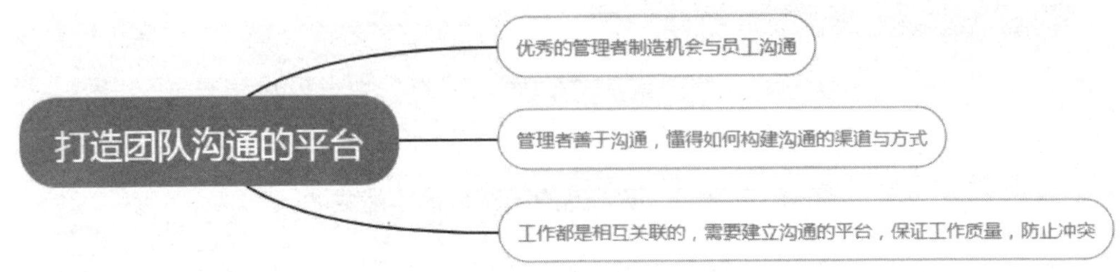


图10-1-4　打造团队沟通的平台

总之，在企业管理中，实现流程管理的优化，找到正确的沟通方式，让员工更高效地完成工作，对于企业来说是特别重要的。

## 2. 提前做好职工入职培训规划

无论企业的规模是大还是小，招聘员工时都希望用最低的成本招聘到最合适、最有用的人才，尤其会强调最低的时间成本。也就是说，企业都希望招聘到有丰富工作经验，入职后简单培训就可以快速上岗的员工。这样的企业，一般培训和带教体系、计划都不完善，入职后人事简单交代几句，就会直接安排员工上岗工作。

那么，企业有必要对新员工进行入职培训吗？又如何做好新员工入职培训呢？(见图10-2-1)。

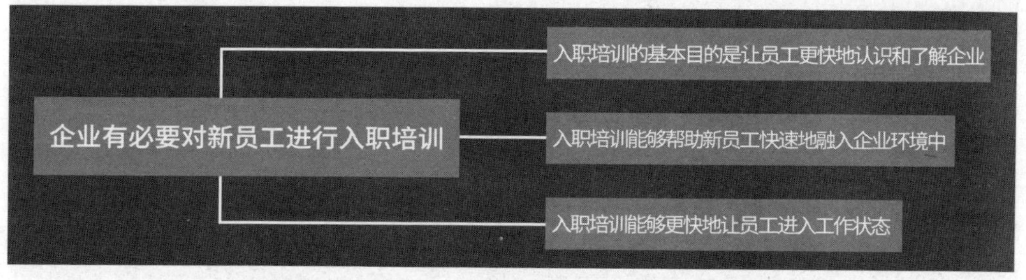


图10-2-1 企业有必要对新员工进行入职培训

第一，入职培训的基本目的是让员工更快地认识和了解企业。比如，讲师可以提前整理企业发展史、创业史、企业文化等知识，并给新员工进行逐一讲解，同时也可以将岗位工作内容、员工晋升制度、福利待遇等进行详细介绍，从而让新员工用最短的时间全面了解企业，对企业的业务及各个工作岗位有基本的了解和认识。

第二，入职培训能够帮助新员工快速地融入企业环境中。新员工入职后，面对陌生的环境肯定会有些紧张，甚至会觉得有点无所适从，如果给新员工一个正式的入职仪式，新员工便会对公司产生一丝归属感。具体可以这样操作，人事可以当众正式地给大家介绍新员工及其岗位，也给新员工介绍老员工及其擅长的工作，再介绍一下相关部门主管，那么新员工会感觉自己是被重视的，也会迫切想要融入这个公司。而且，新员工遇到问题时，可以第一时间找到合适的人进行咨询，这无疑对于提高工作效率会带来很大帮助。

第三，入职培训能够更快地让员工进入工作状态。很多企业在新员工入职时就只是简单填写一个入职表，然后由人事带着坐到自己的工位上，便开始进行自己的工作。其实，这样的方式存在很多问题：新员工此时还没有进入工作状态，对自己的工作内容有一些模糊；工作经验比较少的新员工遇到的问题会更多，而且不知道应该怎么解决，甚至会产生离职的想法或者陷入工作效率低下的状态之中。因此，企业应该根据每个岗位的特点进行相关培训，或者安排“以老带新”的学习方式，让新员工快速进入工作状态。例如，新入职的编辑需要进行一段时间的培训，了解编辑的一些基础知识和技能，才能够快速地学会找资料、编辑资料和修改资料（见图10-2-2）。

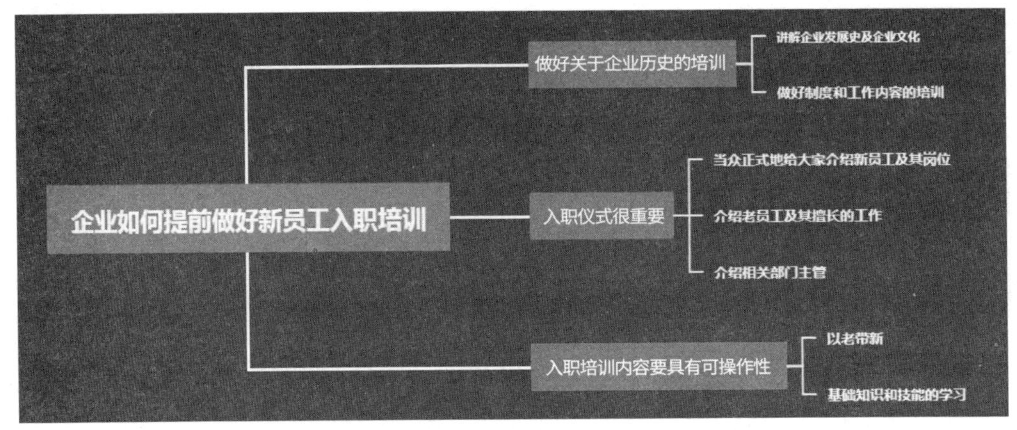


图10-2-2　企业如何提前做好新员工入职培训

总之，为了企业更好发展，招聘新员工入职是必然的选择。但是，不对新员工培训便让其开始工作，并不是明智之举，一方面，不能让新员工感受企业的温暖及周围同事的关心，还可能使其感觉自己与企业格格不入；另一方面，任由新员工自己探索工作的方法，无疑从时间成本上是一种巨大的浪费。

因此，对于任何企业来说，提前做好新员工的入职培训和规划是十分重要和必要的。

# 3. 全面了解员工心理状态

日本曾有两家著名的企业，一家叫八佰伴百货，一家叫松下电器。

八佰伴百货公司发展最鼎盛的时期，采用的是家族式的管理方式，而非制度和理性化的管理方式。后来随着企业的壮大，出现了越来越多的高层领导的贪腐问题。与此同时，基层员工心理也发生了变化，质疑声与埋怨声此起彼伏，员工的情绪与心理没有得到很好的疏导与理解，最终企业陷入了危机，直至倒闭。

松下电器从公司成立伊始，就一直注重员工心理状态的管理，强调公平公正，注意团队合作精神的培养，强调建立非家族式的学习型团队。这保证了松下电器在较短的时间内迅速成长为一个世界型的企业。松下家族在松下电器的股份只占了不到5%，却可以屹立百年而不倒。

由此不难看出，企业管理模式决定了员工的心理状态和情绪状态。因此，企业管理者必须十分重视和了解员工的心理状态和情绪，并积极做出反馈和回应，这样才能真正构建以人为本的和谐团队，使员工的创造精神得到发挥，真正为企业发展带来不竭动力（见图10-3-1）。

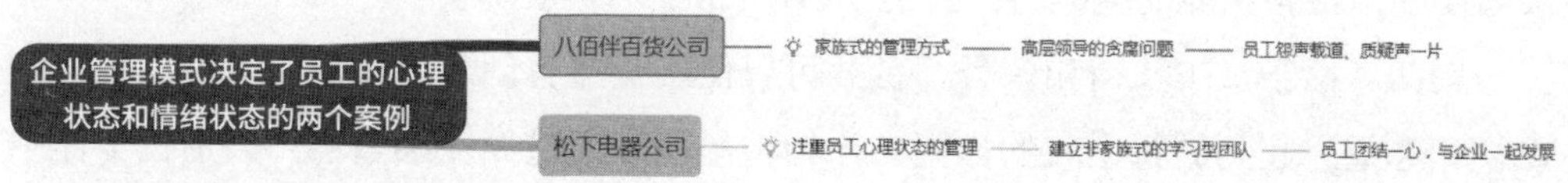


图10-3-1　企业管理模式决定了员工的心理状态和情绪状态的两个案例

那么，企业应该如何掌握员工心理状态并做好有效激励呢？（见图10-3-2）。

图10-3-2　企业如何掌握员工心理状态并做好有效激励

第一，对员工工作表现的认可。新员工完成业绩时，需要及时得到部门主管的认可，这种认可是对员工工作态度、工作表现和工作业绩的肯定。新员工进入新的工作环境时会努力让自己适应，也会努力让自己做出成绩，如果管理者忽视这种认可和激励，只发现员工的缺点和不足，员工会觉得自己不被重视，觉得自己对于团队可有可无，甚至会冒出离职的想法。当然，这种激励方式不能用得太频繁，否则会让员工产生骄傲的情绪。

第二，给员工制造梦想。这里的“梦想”指的是给员工希望，让员工觉得自己有机会成为一个什么样的人，让他们有明确的职业规划，把企业的目标与个人梦想结合在一起。“你想买房买车吗？你想在这个城市扎根吗？你想从普通的销售员变成店长甚至经理吗？那就从现在开始跟着我好好工作吧！”

第三，管理者也得适当融入团队。管理者积极融入团队，会减少同员工的距离感，也会给员工带来动力。比如，管理者可以定期组织优秀员工评选活动，向优秀员工传授管理经验，鼓励员工积极表达自己的观点和看法。管理者也可以通过年会或者团建，增强企业的凝聚力，打造积极向上的工作氛围。

第四，给予员工头衔和荣誉。企业可以使用一些有创意的头衔，给员工足够的重视和尊重，起到鼓舞士气的作用。比如，星巴克通过颁发小徽章，鼓励在工作中表现出色的员工。肯德基则采取轮换组长的工作制度，给予每个员工成为领导与管理者的可能，最大化激发员工工作积极性。头衔与荣誉就像是强大的推动力，能帮助员工成长。

第五，奖励员工带薪休假。休假可以让员工放松心态，给疲惫的身体和心理做一个彻底的休息。企业给员工带薪休假的机会，让员工安心享受假日时光的同时，有助于员工积极调整好心态，从而以更好的状态回归工作岗位。当然，企业可以跟员工协调，让其尽量避开生产或者销售的高峰期休假，从而避免对其业绩造成影响，也让企业多多受益。

总之，员工是企业生存和发展的最重要资源之一，员工的情绪和心理状态左右着公司的业绩。合理的激励才能解决员工的倦怠和不满，真正激发其内在活力，使其为企业创造更大价值。

## 4. 工资管理要保持动态平衡

很多企业管理者对这样的场景并不陌生：企业离职率较高，很多工作经验丰富的员工会因为薪酬原因，跳槽到同行业的其他公司；有的公司为了培养和鼓励新人，特意提升岗位工资，导致新招聘的员工工资竟然比老员工要高出很多；在财务预算中，为了完成更高的利润指标，不得不压缩成本，压缩占比很高的人力成本成为压缩预算的主要方式；公司业务出现亏损，老板认为奖金分配制度有问题，便缩减员工的奖金等。

其实，这些现象之所以出现，是因为企业设定的工资管理出现了问题，导致企业利润成本与员工利益及满意度出现了矛盾（见图10-4-1）。

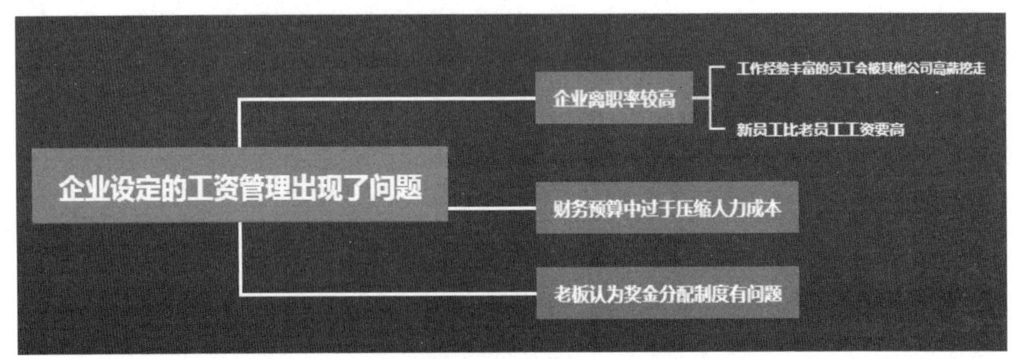


图10-4-1　企业设定的工资管理出现了问题

那么，如何保持员工工资的动态平衡呢？需要坚持以下三个原则（见图10-4-2）：

图10-4-2 如何保持员工工资的动态平衡三原则

第一，保持公平性原则。这里提的“公平”，是指企业在制度上不因为人情世故或者关系亲疏而在工资计算上有所偏颇。工资代表的是员工的个人利益，也代表了对企业的价值和贡献度，更是一个员工实力和责任的体现。因此，同样的岗位，员工工资应该是一样的。但是，如何计算员工对企业的贡献度是个很复杂的问题，毕竟贡献和责任不像数学计算有统一的公式和模板，不能做到精确计算，而且不同行业有不同的标准，因此工资管理就必须灵活又不失公平。

第二，保证能够激励大部分员工的原则。工资管理与企业长远发展是紧密相连的，如何通过工资待遇激发员工活力，让员工愿意把个人前途与企业发展目标统一起来，涉及工资管理的艺术，也涉及对人性的把握。

第三，保持良性竞争原则。想要留住人才、吸引更多的人才，保持工资管理的竞争性是很有必要的。对于初创企业来说，靠高薪在关键部门和岗位挖掘人才，快速组建公司核心力量，有助于公司快速步入正轨。当然，也不是一味高薪才能吸引人才，还得平衡企业财务上的压力，在留住人才与企业能够承受之间做好平衡。

对于企业来说，如何保持工资设定的动态平衡呢？

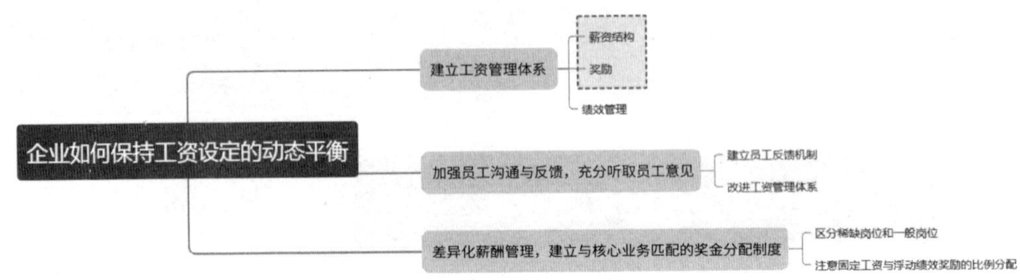


图10-4-3　企业如何保持工资设定的动态平衡

首先，建立工资管理体系。构建工资管理体系，包含工资结构的设定，各种奖励和绩效、奖金的管理发放制度。最重要的是，企业要在设定和发放工资时，确保公开和透明，不搞特殊化。

其次，加强员工沟通与反馈，充分听取员工意见。任何制度和体系的建立都不能只听赞美的声音，也应该注意听取不同的声音。企业要保证所有员工都可以参与关于工资管理和改进的沟通、反馈，这样才能不断完善和改进工资管理体系，才能真正让员工个人利益得到保障，也才能让工资制度真正起到激励员工的作用。

最后，差异化薪酬管理，建立与核心业务匹配的奖金分配制度。差异化薪酬管理，就是对于稀缺岗位的人才要提升其工资待遇，而一般岗位可以采取市场平均待遇水平。工资的设定应该充分考虑本公司的核心业务，尤其是固定工资与奖金、绩效的设定，要合乎一定的比例，确保人力成本与业务发展的高度关联。

总之，企业只有做好了工资成本与员工个人利益的平衡，提高员工的满意度和生活质量，才能保证员工愿意忠诚于公司，愿意为其发展贡献自己的力量，才能进一步留住和吸引人才。

## 5. 善用各种软硬件提升效率

在很多企业中存在这样一种现象：同样的岗位，同样的工作内容，有的员工可以很快完工，有的员工却可能耗费一天的时间才能完成，这究竟是什么原因呢？除了知识和理解力方面的差异，更重要的就是优秀的员工懂得如何利用各种软硬件工具提升自己的工作效率，而且使用起来得心应手。

所谓“工欲善其事，必先利其器”，无论从事什么工作，工作效率都会影响自己的未来（见图10-5-1）。

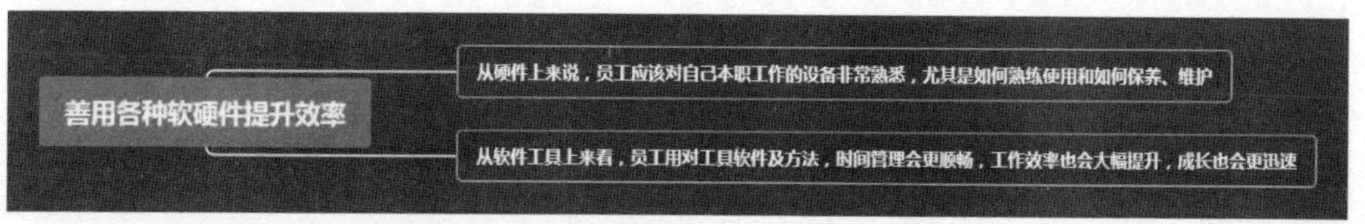


图10-5-1 善用各种软硬件提升效率

首先，从硬件上来说，员工应该对自己本职工作的设备非常熟悉，尤其是如何熟练使用和如何保养、维护。比如制造及生产型企业，岗位工人应该定时检查机器设备的运转情况，做好预防性维护，防止大面积设备出现问题，导致停产的被动局面，特别是气压、用电安全、润滑、机械等方面要进行保养。如果员工岗位是文员或者人事，则应该熟练掌握电脑的各个功能，并及时做好电脑垃圾处理及维护。

其次，从软件工具上来看，员工用对工具软件及方法，时间管理会更顺畅，工作效率也会大幅提升，成长也会更迅速。沟通的话，推荐使用钉钉或者企业微信，因为会显示接收者是否读取信息，而且钉钉还可以永久保存聊天中传送的文件，这一点简直太便利了。比如，企业人事需要将很多档案文件整理归档，随着时间的推移，纸质的文件会越来越多，也越来越占用空间，查找起来也特别不方便。如果你熟练掌握“扫描全能王”这个软件，那么只要轻轻一扫，就可以生成电子文档，就算没有对齐，也可以自动切角提亮。再如，有些办公人员经常会编辑修改一些文件，如果能够熟练掌握WPS或者Word的快捷操作，那么就可以快速完成工作。每个企业都有常用的一些文件，如果可以保存一些文档的模板，比如会议记录、培训讲义等，那么后期再需要类似的文件时，可以直接选择本机中的默认模板，这远比自己重新编辑制作省时省力。另外，一些基础的快捷键也要熟记：复制就是Ctrl+C，粘贴就是Ctrl+V，保存就是Ctrl+S。为防止电脑突然宕机或者停电，可以提前设置一分钟自动保存一下。

总之，员工只有做好时间管理，善于运用各种软件硬件，提前做好维护，掌握一些技巧，才能更好地减少意外的发生，不断提升自己的工作效率。

# 6. 人手不够也无妨

法国有位农学家曾做过这样一个实验。他随机找来20个人分别拉动一根绳子，绳子的另一端绑定的是测力器。测试完毕后，他把20个人单独的最大拉力相加，得出20人的最大拉力值，然后又把这20人进行分组做了拉力测试，并得出以下实验数据。

2人一组拉绳子所使用的最大力量是单独拉动绳索产生力量的93%。3人一组拉动绳索所产生的最大拉力是单独拉动绳索所使用力量的85%。4人一组拉动绳索所产生的最大拉力是单独拉动绳索所使用力量的77%。8人一组时，每人所贡献的拉力仅为自己单独拉动绳索最大拉力的一半。

这个实验不由得让人想到了“一个和尚挑水喝，两个和尚抬水喝，三个和尚没水喝”的经典寓言故事。在企业管理中也是如此，很多企业发展到一定阶段会出现这样一个很奇怪的现象：人员越多反而工作效率越低。至于原因，有的人分析是因为缺乏团队管理，导致人浮于事；也有的人说是因为企业发展到一定规模，领导层级就会清闲一点；还有人解释说是因为权责不分，岗位工作内容不明确。实际上，之所以出现这种现象，就是员工时间管理出了问题。

保持有限的员工数量，对于企业来说是有很多优势的（见图10-6-1）。

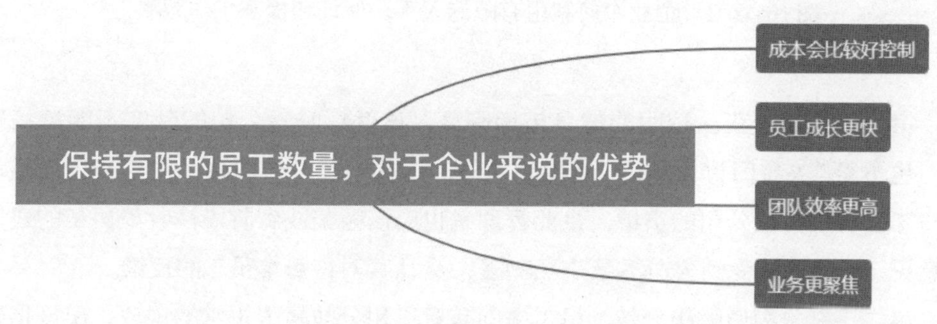


图10-6-1 保持有限的员工数量，对于企业来说的优势

首先，成本会比较好控制。员工数量不多，方便创业型公司更好地控制用工成本，帮助公司合理地规划资金，增加企业创业成功的概率。

其次，员工成长更快。可想而知，由于员工数量有限，很多时候员工就会充当多面手，参与多个工作岗位或者项目。这对于员工来说既是一种挑战，也是一种快速成长的机会，很容易获得成就感和满足感。

再次，团队效率更高。当企业人手有限时，在沟通的时候会更高效，更容易从思想上达成一致和共识，尤其在执行力上会更凸显效率。即使遇到困难或者错误，这样的团队也更容易及时改正错误和调整应对策略。

最后，业务更聚焦。人手有限的企业，会更专注于自己擅长的专业或者领域，而不是把业务层面铺得特别广，这样时间越久越容易积累人脉和老客户，也越容易做出成绩。

那么，企业如何利用有限的人手，保证和提高工作效率呢？（见图10-6-2）。

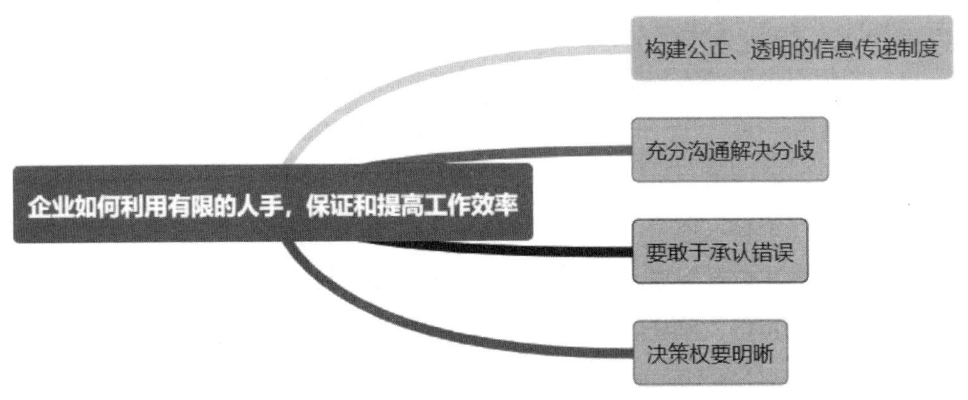


图10-6-2　企业如何利用有限的人手，保证和提高工作效率

第一，构建公正、透明的信息传递制度。这就意味着公司的制度不能搞特殊化，也不能“关着门讨论制定”制度。当然，这并不是说公司越民主越好，而是每个员工都有权讨论公司的事情，企业管理者也应该频繁或者阶段性收集员工的建议和意见，让他们感受到公司不是“一言堂”，会认真对待每个员工的反馈。

第二，充分沟通解决分歧。员工之间有意见和分歧是很正常的现象，出现指责或者互相推诿的时候，如果只是停留在追责或者争吵阶段，那么这无疑会特别浪费时间。这就需要员工进行充分有效的沟通，对目前问题形成共同的认知，而且一起想办法解决问题。

第三，要敢于承认错误。上到管理者下到普通员工如果都敢于承认自己的错误，并愿意承担后果，那么他们会赢得大家的支持和信赖，公司成员也会变得更团结。

第四，决策权要明晰。产生分歧的时候，需要有人出来主持大局。每个部门需要指定负责人，明确谁主要负责咨询讲解，谁主要负责接待通知。

企业员工数量并不是越多越好，而是要按照单位岗位设置和单位业务量的需求来确定。对于需求多的企业，员工多了有一定的好处，能够做到分工精细，提高工作效率。但是，业务量较少的企业，如果还录用很多员工，势必会造成资源的浪费，人工成本的提高。因此，企业用工的多少要根据实际情况而定。

硬实力篇

# 第十一章 走轻资产运作之路

# 1. 每月库存及成本知多少

库存管理是企业管理和经营运作的重要一环，库存管理不仅包含生产和经营过程中生产、销售储存的原材料物资、零部件，也包含生产出的待销售的产品，还包含储存、购买这些原材料、零部件所需要的成本（见图11-1-1）。

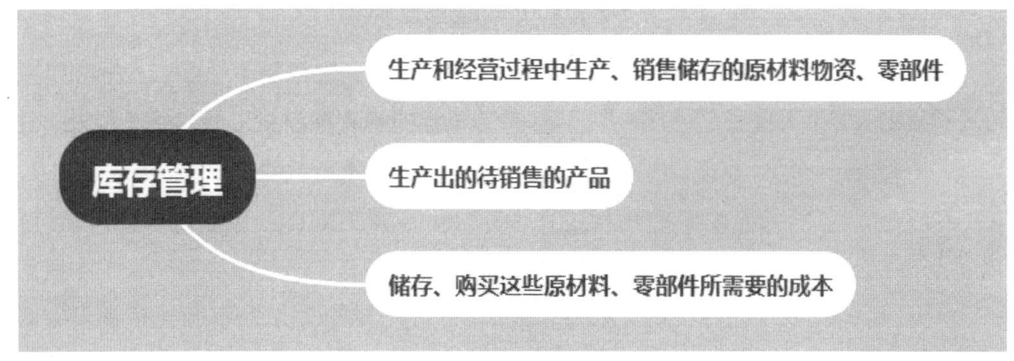


图11-1-1　库存管理

企业对自己的产品及原材料的库存做全面的掌握，不仅有利于缩短存货周期，加速存货周转率，也有利于企业资金链循环，从而保证企业正常的运转和生产，在一定程度上保证了客户拥有更优质的产品和服务。

一般而言，企业做好库存管理具有以下益处。

第一，做好库存管理，对于企业来说就等同于减少财务负担，减少浪费。因为库存过多，可能会增加保存货物所需的费用，而且库存时间过长，可能导致原材料或产品过期或者质量下降，最终影响产品销售和消费者的信任。反之，如果企业没有储备足够的库存，则可能由于原材料价格上涨或者紧缺，或者产品销量很好时，导致无法满足市场需求，进而影响企业销售。

第二，做好企业库存管理还能有利于企业对财务状况的了解和掌握。有利于企业节约成本，及时作出战略性调整，提高资金循环率，从而一定程度上提升与同行的竞争水平。

第三，做好库存管理也有利于企业及时掌握市场动态。准确掌握市场需求，把工作重点放在提升品牌和产品质量上，把客户的需要放在第一位，也更容易赢得客户的支持和信任（见图11-1-2）。

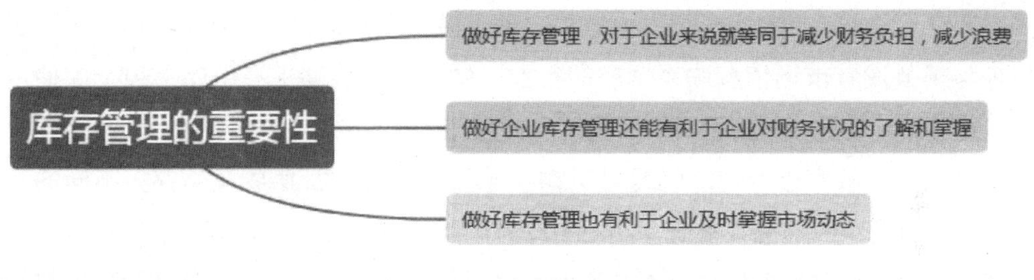


图11-1-2 库存管理的重要性

那么，企业应该如何做好库存管理呢？可以从出入库制度、做好货物及原材料盘点及日常库存管理上下功夫（见图11-1-3）。

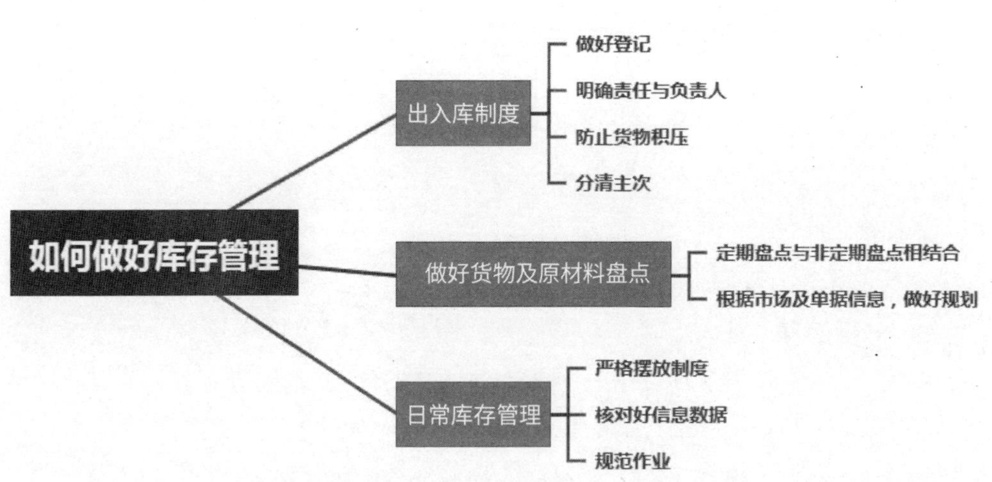


图11-1-3 如何做好库存管理

第一，无论是产品还是原材料的进出库工作，都需要做好信息数据的整理、登记和收集，而且要根据市场信息及种类做好货物的存放工作。最重要的是要建立一对一负责的工作机制，这样更有利于管理。还应该根据票据做好分类和未来工作总结，防止某类产品或者原材料过多，造成积压或者过期，增加存货成本。另外，企业也应该分清主次，对货物及原材料做好管理和规划，确定哪些是需要重点关注和管理的物资，哪些是需要一般管理的物资。

第二，做好货物及原材料的盘点。为了准确掌握库存的实际情况，企业可以选择定期盘点与非定期盘点结合的方式，合理安排生产和销售。尤其是类似玩具、服装等与季节或者市场情况联系紧密的行业，做好盘点能够提高出库率和仓库使用率，能够更好掌控相关货物及原材料的出库数量。

第三，日常库存管理，就是对货物及原材料的分类、摆放及储存。不同的行业和产品有着不同的储存需要，因此需要有不同的摆放方式和存储方式。日常库存管理不仅仅是核对单据信息，不在数据上出问题，更重要的是保证货物及原材料按需要合理摆放，不能随意乱堆乱放。同时，仓库工作人员也应该规范自己的日常工作。

总之，库存管理是企业管理的重要一环，做好库存管理就等于给企业省钱，甚至赚钱。

## 2. 别等到缺货再补仓

一家生产玩具的企业每月的订单量在4000单左右，由于市场环境的波动，突然订单量增加了一倍。更可怕的是，畅销的电动遥控车持续缺货，由此失去了销售和客户的信任和支持。这想必是任何一个生产厂商都不愿意看到的局面。因此，别等到缺货了再去补货，作为企业做好补货管理很重要（见图11-2-1）。

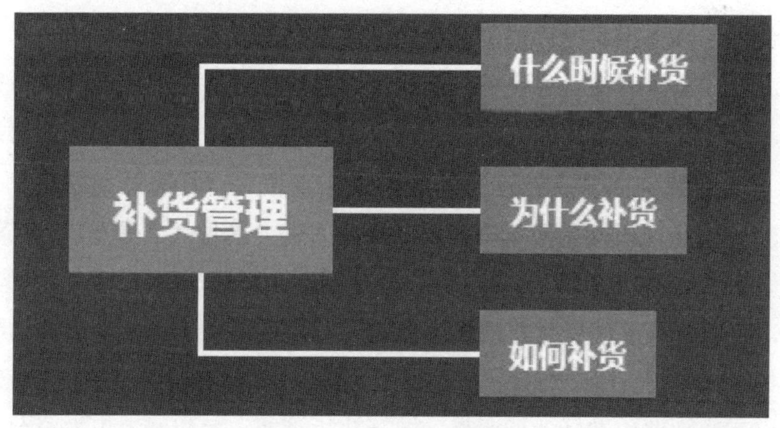


图11-2-1　补货管理

补货管理包含什么时候补货、为什么补货和如何补货。企业必须知道多久需要做一次补货，最好将决策建立在综合分析库存和历史销售数据基础之上，还需要考虑市场供应链季节性变化以及生产的时间和运送物流的时间。企业还应该知道自己为什么需要补货，可以根据SKU数量（库存进出计量的单位），清楚自己生产的哪些商品是热销品，库存产品中哪些销售速度慢，库存数量有多少，及时根据市场需求做好补充。至于企业如何补货，则需要团队、技术和制度的支持。

做好补货管理对于企业来说，有百利而无一害（见图11-2-2）。

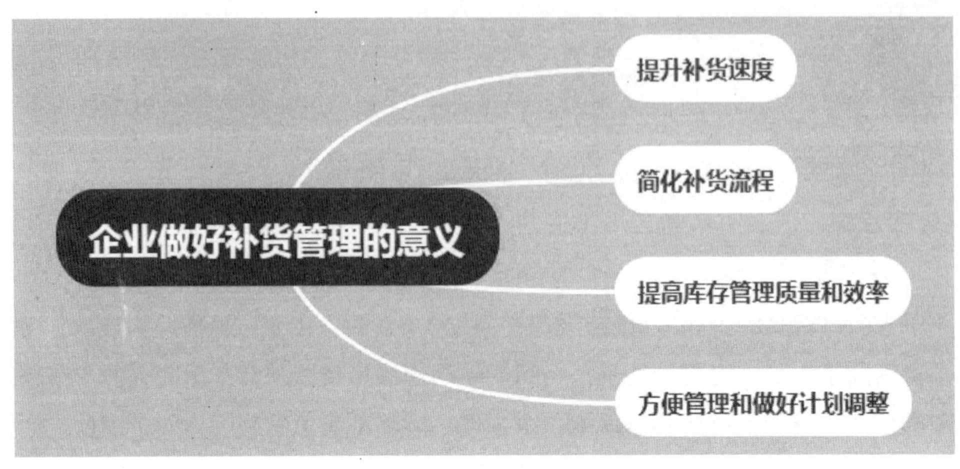


图11-2-2　企业做好补货管理的意义

首先，提升补货速度。企业可以设置专门的补货区，集中存放需要补充的原材料和产品，这样做可以提升补货速度，也方便仓库管理员快速清点并找到需要补充的物品。

其次，简化补货流程。将货物都放到指定地方，实际上是简化了补货的流程，仓库管理员能更快完成自己的工作，也达到了准确补货的目的。

再次，提高库存管理质量和效率。做好补货管理可以让企业知道自己哪些产品是热销，哪些是滞销，更好地掌握库存水平，做好销售计划。

最后，方便管理和做好计划调整。做好补货管理一定程度上也为企业节约了成本，有利于企业做好下一步生产计划的调整。

那么，企业应该如何做好补货管理呢？

第一，定期补货。所谓定期补货，就是企业每隔一段时间就及时补充原材料，无论这种产品的市场需求有多少，都要保证稳定需求的库存量。

第二，做好最小库存量和最大库存量估计预测。这种最大和最小库存量的数值设置是指，当数值最小时，企业应该及时补充货品；当数值趋近最大值时，就必须及时停止补货，避免生产过剩。

总之，企业只有做好补货管理，最大限度提升库存管理效率和质量以及准确性，才能真正节约成本，增加利润。

## 3. 业务外包是不错的选择

业务外包是企业轻资产之路的一种方式，是企业通过外包专业资源，达到缩减成本，提高工作效率，提升企业核心竞争力和活力的管理模式。

企业之所以采取业务外包，是因为以下的原因（见图11-3-1）：

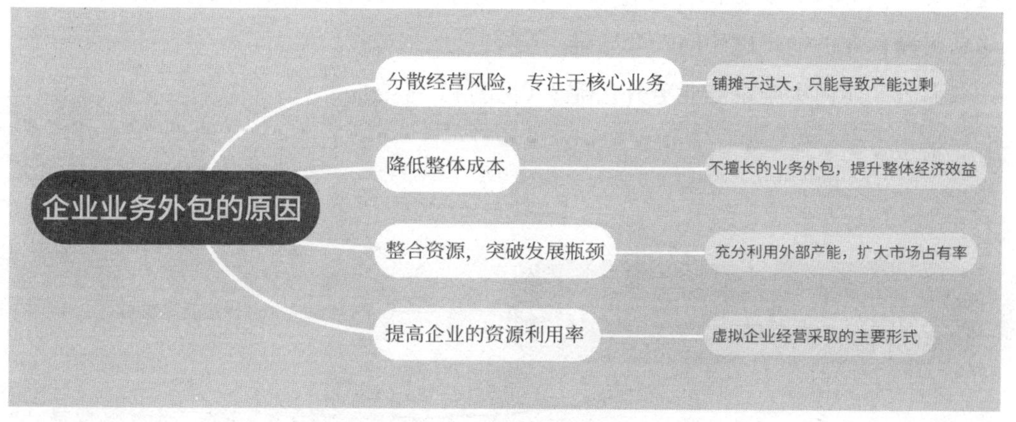


图11-3-1　企业业务外包的原因

第一，分散经营风险，专注于核心业务。很多企业都喜欢跟风，什么产品好卖便生产什么，什么业务赚钱就开展什么业务，结果导致铺的摊子过大，不断投入资金扩大产能的同时，整体经济效益却始终升不上去，给企业带来了沉重的经济负担，还时常出现重复性投入和建设的情况，导致产能过剩，库存积压。外包业务则可以让企业减少资金压力，灵活应对市场需求的变化。这种灵活的经营方式，无疑降低了企业倒闭的风险。

第二，降低整体成本。如果企业不擅长某项业务，那么企业耗费在该项业务上的设备经费、人力资源投入和技术研发费用以及前期资金投入都会是一笔不小的开销，而且实际效果可能并不好，甚至需要耗费很长的时间。这对于企业来说，是一种资源浪费和成本的增加。反之，把不擅长的业务外包，专注于核心业务和自己擅长的领域，有利于降低成本，提升企业综合经济效益。

第三，整合资源，突破发展瓶颈。企业外包部分业务，就可以在资金、人才配比、技术研发、产能输出等资源配置上突破发展瓶颈，充分发挥外部资源的产能和优势，给予企业更好发展的推动力，激发企业活力，扩大市场占有率，提升企业的综合实力。

第四，提高企业的资源利用率。外包公司相比本企业更具备专业知识和先进的技术，因此外包该业务对于企业来说，就是集约了资源，降低了成本。当然，这需要企业首先明白自己的优势，才能真正把技术、资金和人力的核心配置放在核心功能业务上，非核心业务部分外包虚拟出去就行。比如消费者熟悉的NIKE公司，本部其实没有真正生产过任何一双球鞋。

那么，如何实施企业业务外包呢？（见图11-3-2）。

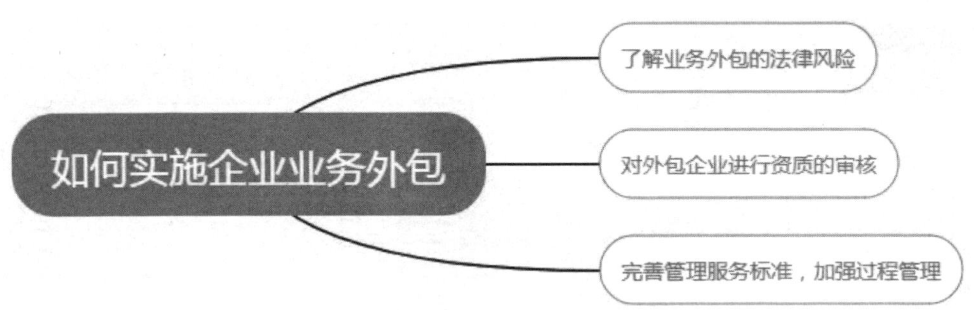


图11-3-2　如何实施企业业务外包

首先，了解业务外包的法律风险。企业需要特别注意业务外包在法律方面的用工风险，因为外包公司的员工实际上不归企业管理。如果企业实际上对外包公司员工进行管理，一旦发生劳务纠纷，可能涉及“假外包”或者公司员工解雇、工伤赔偿等法律风险。

其次，对外包企业进行资质的审核。企业需要明确哪些业务适合外包，哪些是企业的核心业务必须保留，同时考察业务承包公司的资质。如果外包公司不具备专业知识和技术能力，会对企业自身经营带来不利的影响。

最后，完善管理服务标准，加强过程管理。企业需要明确外包业务的操作标准和要求，真正用制度来管理员工，用规范化的程序来管理员工，而不是人管人。同时，企业也应该由外包商指派经理全方面负责项目的管理和协调。

总之，业务外包是企业轻资产之路的必然选择。

## 4. 举重若轻的“轻资产”办公

如何提升利润，从根本上节约成本，是值得企业考虑的一个问题。企业可以通过由供应商提供专业办公设备租赁服务，实现办公资源的共享和可持续使用，让企业实现轻资产办公和运营。企业核心竞争力的提升主要依靠生产新产品、品牌建设及团队和商业模式的变革，所以办公资源实现轻资产对于提升效率、降低成本十分必要。

企业实现轻资产办公的意义包括以下几点（见图11-4-1）。

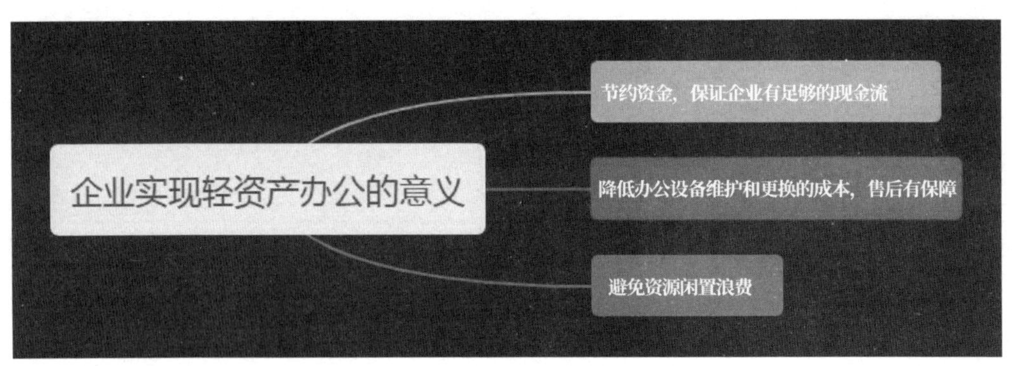


图11-4-1　企业实现轻资产办公的意义

第一，节约资金，保证企业有足够的现金流。租赁办公资源和设备，避免了直接采购的成本，这样企业可以把资金用于研发新产品和新项目，或者聘请和组建新团队上，从而减少花费，保证企业有足够的现金流。

第二，降低办公设备维护和更换的成本，售后有保障。租赁的办公设备，一旦出现质量或者使用问题，会由租赁公司提供免费的咨询、修理和维护服务；如果设备无法修复，甚至可以直接更换。这无疑为企业节约了一大笔维修费。

第三，避免资源闲置浪费。可以把租赁办公设备和资源的租期长短掌握在企业的手里，这样就解决了企业担心租期长短或者资产贬值、浪费的问题。

具体来说，企业如何实现轻资产办公呢？（见图11-4-2）。

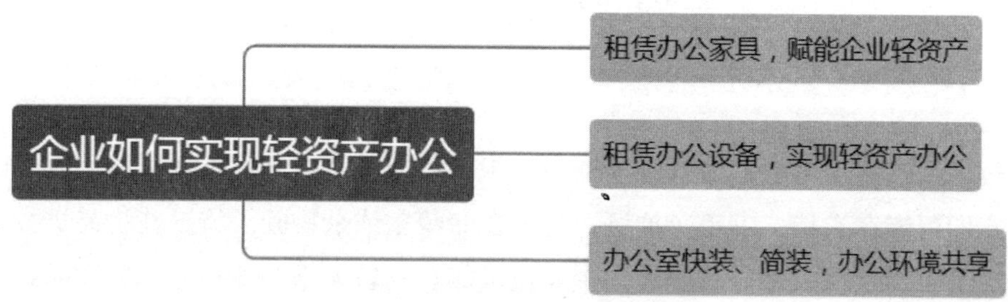


图11-4-2　企业如何实现轻资产办公

第一，租赁办公家具，赋能企业轻资产。租赁办公家具，省去了企业前期选购家具耗费的时间和精力，把有限的时间和精力放在研发新产品和组建团队上。

第二，租赁办公设备，实现轻资产办公。大部分企业员工流动性大，经常会出现办公设备和电子设备闲置的问题，租赁的这些办公设备无疑可以提高设备使用率。企业可以到专业的公司租赁办公桌椅、电脑，从而降低发生故障后维修的时间和精力耗费。

第三，办公室快装、简装，办公环境共享。办公环境并不是越大越好，可以把办公区域共享，提升办公室使用效率。比如，可以几个小公司共享办公室、会议室、茶水间和卫生间，尽量不要采用奢华、复杂的装修风格，采用极简风设计，从而降低成本。

轻资产办公，可以有效适用于各种不同规模的企业，大幅提升资源整合和使用效率，也节约了成本。

## 5.“烂掉”的库存应该及时处理掉

每个人的家里可能都能找到一些多年未曾使用或者将来也不太可能用得到的物品，它们可能在衣柜、书柜、抽屉，甚至在储藏室或杂物间，将这些物品扔掉觉得可惜，留着又觉得占地方。同理，企业也可能有闲置无用的库存，这些物品就像是烂在仓库里一样，让很多企业管理者感到头痛又无奈。

所谓“烂掉”的库存，可以从两个方面进行理解：一方面指的是那种在过去半年至一年的时间里都没有任何消耗，甚至在未来很长一段时间也都不会有任何消耗的原材料；另一方面指的是超计划采购的多余物料或者生产出的过剩的产品（见图11-5-1）。

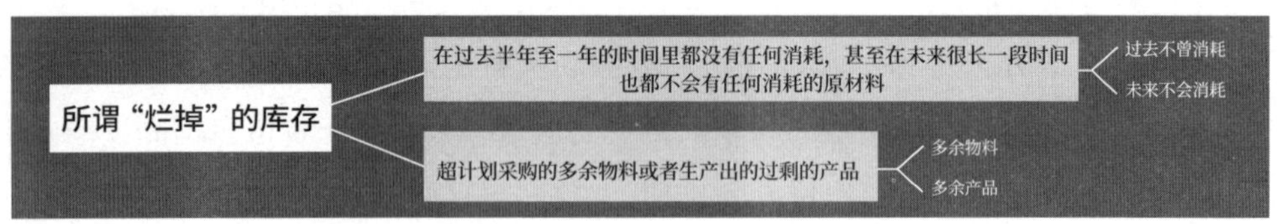


图11-5-1　所谓“烂掉”的库存

大量积压的库存对于企业来说，会产生很多负面影响，比如库存积压导致额外产生一笔库管费用，影响企业资金管理；把钱都积压在库存上，企业就没办法开展新的生产和研发，甚至影响信息流与物流管理，最终影响企业的盈利能力（见图11-5-2）。

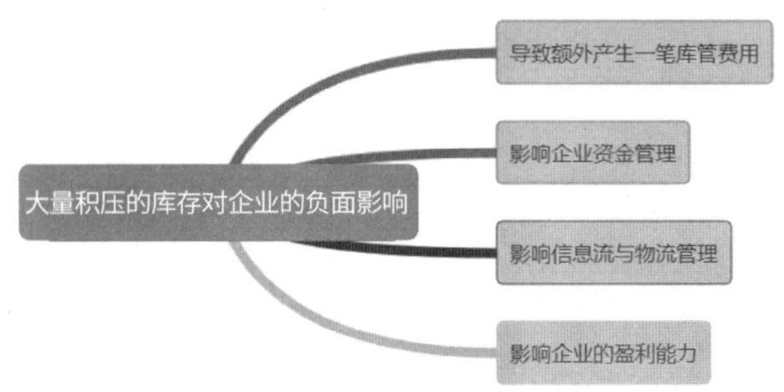


图11-5-2　大量积压的库存对企业的负面影响

企业之所以会产生大量积压的库存也是有原因的（见图11-5-3）。

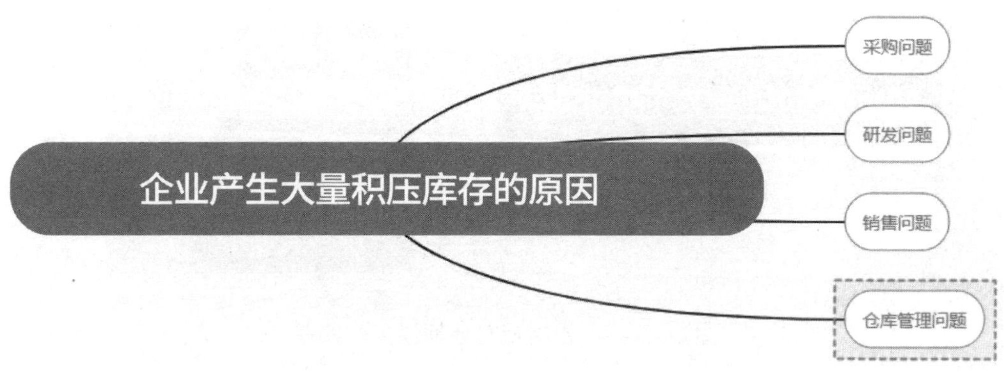


图11-5-3　企业产生大量积压库存的原因

第一，采购问题。企业采购计划做得不够精准，没有做好市场调研，没有做好实时销售数据的分析，仅靠对市场的直觉和经验进货，导致原材料积压，产品积压。产品过剩和更新迭代是常有的事，毕竟同行竞争激烈，消费者的喜好和观念都会不断变化，这些都是采购时需要考虑的问题。

第二，研发问题。大多数情况下指的是产品更新迭代过快。你设计研发的产品还没上市，其他企业研发的产品已经占领市场，而且受到消费者的一致好评。这时即便你的产品生产出来并投入市场，也已经失去了先机，甚至可能遭到消费者的抵制，还有可能该产品已经被市场淘汰。

第三，销售问题。一方面有的厂家会临时取消订单，导致企业大量积压库存；另一方面，企业可能会给代理商压货，防止代理商到别的厂家进货。这无疑会给厂家和代理商带来很大风险，很可能造成货物积压，让两者承担很大的经济损失。

第四，仓库管理问题。仓库管理人员能力有限，不能准确掌握仓库内的各种货物销售情况，无法提供可行性采购建议，也可能导致货物积压。

对于这些库存最好的办法就是处理掉。具体来说，企业可以这样做（见图11-5-4）：

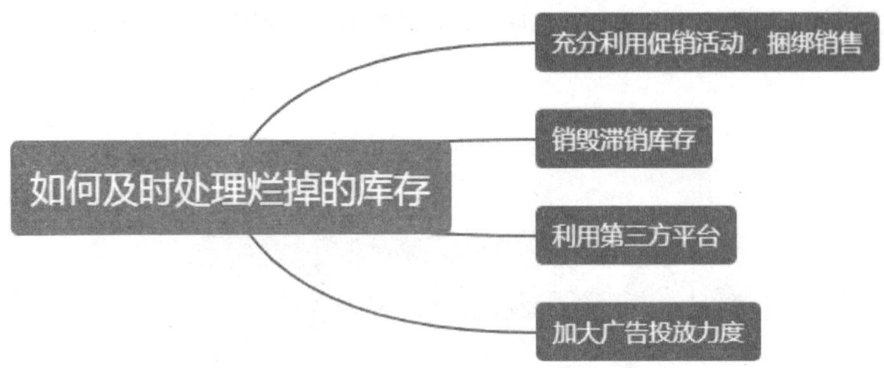


图11-5-4　如何及时处理烂掉的库存

首先，充分利用促销活动，捆绑销售。企业在推出新品或者售卖那些销量较好的产品时，可以搭配售卖那些滞销的库存产品，用捆绑销售的方式，带动滞销品的销售。

其次，销毁滞销库存。如果库存并不太多，企业不妨直接销毁这些货物或者将其作为福利发放给员工，这样起码可以省去一大笔仓库管理和储存的费用。

再次，利用第三方平台。企业可以充分利用微信、抖音等第三方平台进行宣传，从而减少积压的库存。

最后，加大广告投放力度。虽然增加广告的投放，可能导致产品利润下降或者可能没有利润，但是总比让其烂在仓库要好得多，起码可以回笼资金，节省保管这些物品的时间、精力和资金。

总之，对于烂在仓库的库存，最重要的就是及时清理，然后积极调整心态做好新一轮备货和选品。

# 6. 零库存管理是否可以照单全收

零库存管理指的是企业通过各种方法从多个环节减少或者压缩生产所需原材料库存或者产品的库存。这一理论最早是由20世纪60年代日本丰田汽车公司实行的，目的就是保证没有积压的原材料和产品，保证资金链和生产效率。从实际执行来看，零库存是在企业生产、采购及销售各个环节中，保证原材料、半成品及合格产品不在仓库储存，一直处在周转的状态。也可以理解为，零库存并不是仓库真的没有原材料和产品，而是这些东西一直处于周转的状态（见图11-6-1）。

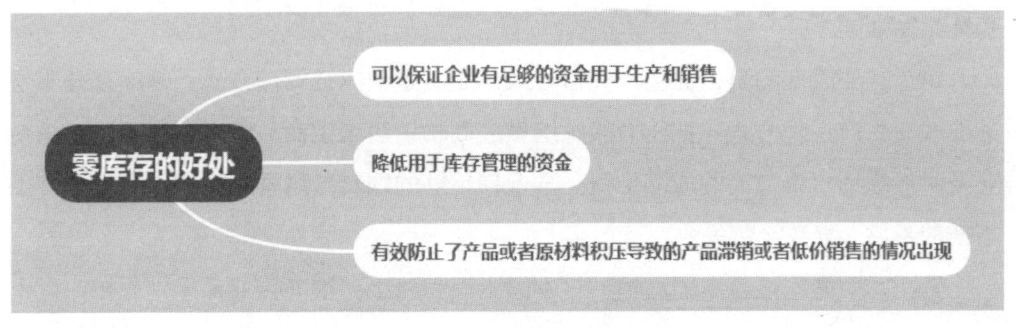


图11-6-1　零库存的好处

零库存管理的好处显而易见：可以保证企业有足够的资金用于生产和销售，降低用于库存管理的资金，有效防止了产品或者原材料积压导致的产品滞销或者低价销售的情况出现。

戴尔通过“预售”的方式，把零库存执行得更加彻底，零库存管理几乎遍及世界各个企业。我国大力实践零库存理论开始于海尔集团，后来上海大众汽车公司及一些制药企业，也都结合实际情况创造性地执行了零库存管理。

然而，很多企业照搬零库存管理方式却没有收到预期效果，这又是什么原因呢？（见图11-6-2）。

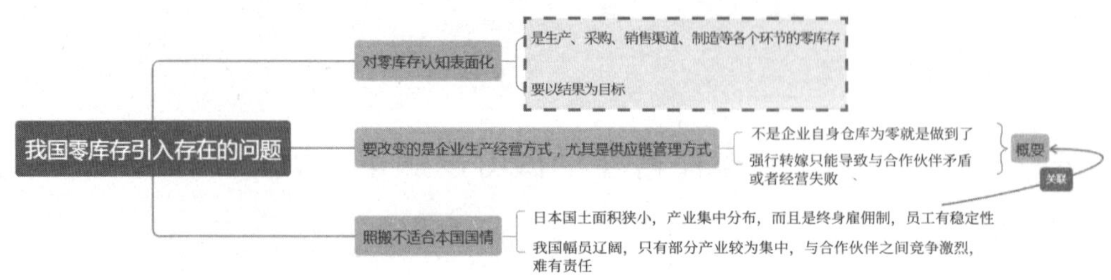


图11-6-2　我国零库存引入存在的问题

第一，对零库存认知表面化。很多企业对零库存管理的认知还停留在表面层次，只求表面结果，但实际上这样的状态只有大型设备生产企业或者飞机制造业的企业可以实现。因此，零库存更应该追求生产、制造、销售的过程“零库存”。这好比，你想要拥有完美身材，达到零脂肪是不可能的，只能让体内脂肪含量降低，让身体更加强健。

第二，要改变的是企业生产经营方式，尤其是供应链管理方式。零库存并不是非要改变生产运营方式，把压力转嫁给供应商和销售渠道商。零库存也不是要求企业及时催缴销售渠道商的成品结费，不保存足够的物料，这样只会激化供应伙伴上下链的矛盾，导致经营失败。

第三，照搬不适合本国国情。日本国土面积狭小，很多企业都集中分布，以丰田为例，从生产到装配到销售，几乎都分布在自己厂区周边，能够保证供货及时、方便。而且其合作伙伴多认同其企业文化，与其存在认同或者利益一致性，其终身雇佣制也确保了员工的经验丰富和稳定性。我国幅员辽阔，只有部分产业比较集中，而且行业之间都存在严重竞争，没有过多的信任感，供应商规模小，共享信息意识差，员工稳定性不足。这种情况下，企业实行小批量、多次购入的采购方式，反而可能导致缺料或者停工，引发供需矛盾。

那么，企业如何去库存，协调生产和销售呢？

第一，不被销售人员牵着鼻子走，有自己的节奏。可以进行“销售或者市场供需预测”，安排生产与原材料采购。

第二，不放眼整个市场安排采购和生产。结合季节、重大节日或者历史大数据，做好市场销售安排。

总之，去库存对于企业来说很重要，但是是否实现零库存还得结合企业情况综合考虑。

硬实力篇

# 第十二章 加速供应链血液循环

## 1. 信息化技术，实现资源合理配置

物流的信息化是指通过互联网信息技术对企业所有的物流信息和资源进行规划和合理分配，实现企业降本增效，节约人力、物力的目的。

目前很多企业虽然逐步推进物流管理的信息化，但是仍然存在一些问题（见图12-1-1）。

图12-1-1　目前企业物流管理信息化方面存在的问题

第一，企业对物流管理信息化认识比较表面化。很多企业认为多增加一些计算机就是信息化管理，甚至有些企业花重金引进高精尖电子设备。但是，问题也随之而来，企业缺乏会使用、操作和维护这种设备的人才，于是最终导致设备闲置，没能实现真正的信息化，更没有享受到信息化的便利，徒增了很大一笔成本。

第二，信息化管理技术落后。很多企业在信息化管理方面的技术略显滞后，企业物流方面现有信息化技术水平的高低决定了企业信息化管理的成果实现的高低。比如，很多企业虽然实现了物流管理的信息化操作，但是一旦出了问题，最主要的解决问题的方式还是手动或者人工操作。这说明信息化管理在物流方面并没有全方位落实，也没有真正帮助企业提升工作效率，甚至还阻碍了企业发展。

那么，企业如何实现物流方面的信息化，真正实现资源有效配置的同时降本增效呢？（见图12-1-2）。

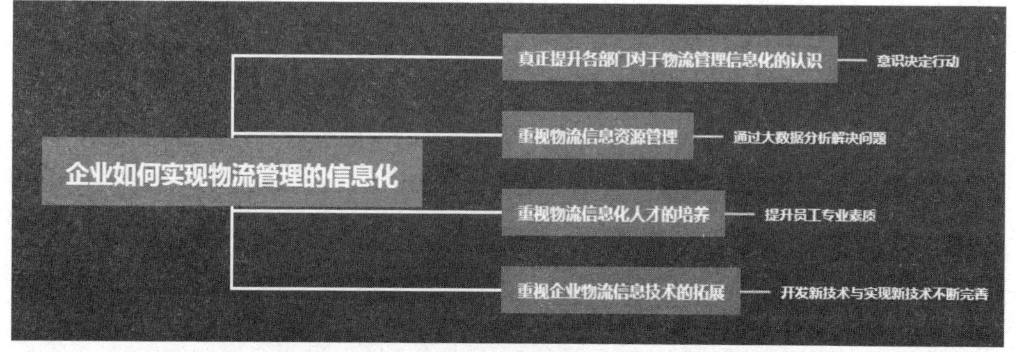


图12-1-2　企业如何实现物流管理的信息化

首先，真正提升各部门对于物流管理信息化的认识。这就要求企业需要成立专门的部门，有专门的工作人员来负责解决物流管理信息化方面的问题，可以开展多种形式的培训或者集中研讨。这样，各部门出现问题时可以及时进行反馈，逐渐让所有员工对物流信息化有更深层次的认知，把发展物流信息化的概念真正根植于大脑。

其次，重视物流信息资源管理。企业可以结合自己的实际情况，根据自己的长远目标构建完善的信息数据库，通过筛选大数据分析问题、解决问题，真正提高物流管理的工作效率，真正对企业的长远发展带来实质性的帮助。

再次，重视物流信息化人才的培养。有信息化方面的人才，才能真正提升企业物流信息化管理的水平。这就要求企业不仅要加大物流信息化人才培养和吸引人才的力度，也需要企业花费一定的资金。企业还需要加大内部原有员工的再培训，通过专业化的课程和实践操作来提升员工的专业知识和实际应用能力，从而提升员工的专业素质。

最后，重视企业物流信息技术的拓展。企业需要重视物流信息化管理技术方面的提升与创新。与时俱进是企业发展的永恒主题，随着信息化技术不断更新，企业也必须不断加大物流信息化技术方面的投入，不断专注于新技术的研发和完善，与当下高科技接轨，真正实现企业物流管理信息化的科学性和规范性。

总之，企业实现物流信息化管理是必然的趋势，也是推动企业发展的长足动力之一。

## 2. 别小看装卸搬运方式的优化

采取什么样的装卸搬运方式，对于企业来说也非常重要。无论是生产还是运输、销售都离不开搬运装卸，而且搬运装卸方式能够促进联合运输的实现。因此，企业如果可以对搬运装卸方式进行改进，就可以提升物流效率和速度，甚至可以节约装卸费用和物流成本，减少人力资源和时间的耗费。

具体来说，企业可以这样从装卸搬运方式节约成本提升效率（见图12-2-1）。

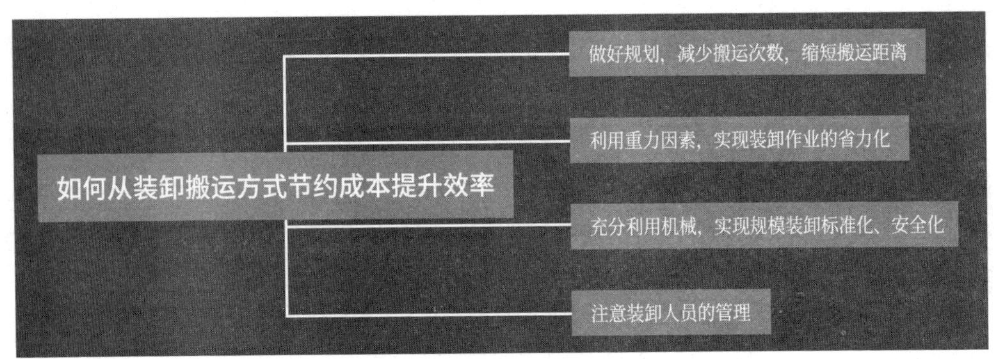


图12-2-1　如何从装卸搬运方式节约成本提升效率

第一，做好规划，减少搬运次数，缩短搬运距离。装卸搬运的效率跟搬运次数和距离有密切的联系，如果企业可以规划好搬运装卸设备与仓库之间的距离、特点，采取适合的设备进行操作，那么一定可以在最短的搬运装卸距离，减少搬运装卸次数的同时，充分发挥组织调度的功能，高效地完成搬运装卸。距离短了，搬运次数少了，效率提升了，成本自然下降了，企业利润自然就增加了。

第二，利用重力因素，实现装卸作业的省力化。企业可以充分利用货物本身的重力因素搬运装卸作业，比如柱形的家具，可以充分利用其重心向下的特点，搬运时在地上提前铺好铁板，再用装卸机缓缓放下。这种有落差的装卸搬运，能够有效减少人力耗损，是合理优化装卸搬运的重要方式之一。

第三，充分利用机械，实现规模装卸标准化、安全化。想要提升搬运装卸的工作效率，企业可以充分利用各种机械集装搬运，实现一次性不间断工作，这无疑比散装更具规模效益。对于一些特殊货物，比如危险品或者大宗重货，采用机械化作业更安全，也能更高效出库。搬运装卸大型货物时，可以使用与货物重量匹配的叉车和托盘车进行作业，自己企业叉车不够用时，不用紧急购买添置，可以临时租赁叉车。

第四，注意装卸人员的管理。装卸人员的管理方式同样十分重要，因为人是最难管理的。这需要企业建立规范的搬运装卸工作制度和流程，有效防范人员和货物受损。如果搬运的货物较少，建议企业指派搬运小组组长进行管理，做好工作协调和工作量的计算，并根据记录核算薪资。如果搬运货物较多，需要长时间增加大量工人搬运装卸，则可以采用按照吨位计算薪资的方式，避免按小时计算工作薪资出现员工消极懈怠的情况。

搬运装卸对于任何企业来说，都是出现频率很高的物流活动，其成本也不言而喻。因此，做好装卸搬运方式管理，有利于提升工作效率，降低成本，提升利润。

## 3. 实现包装合理化

包装合理化可以从三个方面来理解。首先，包装比较轻薄。外包装的作用对产品使用和价值没有起到任何增值的意义，从保护产品和提升装卸工作效率的角度来看，当然越小、越薄、越轻的包装越好。其次，包装的形状和种类单一化。这里指要求包装的材料和规格统一，有固定的标准。最后，符合包装标准自动化的要求。手动制作包装箱效率太低，为了让包装符合现代消费者审美和实现批量生产，包装机械的自动化生产便成了必需的选择（见图12-3-1）。

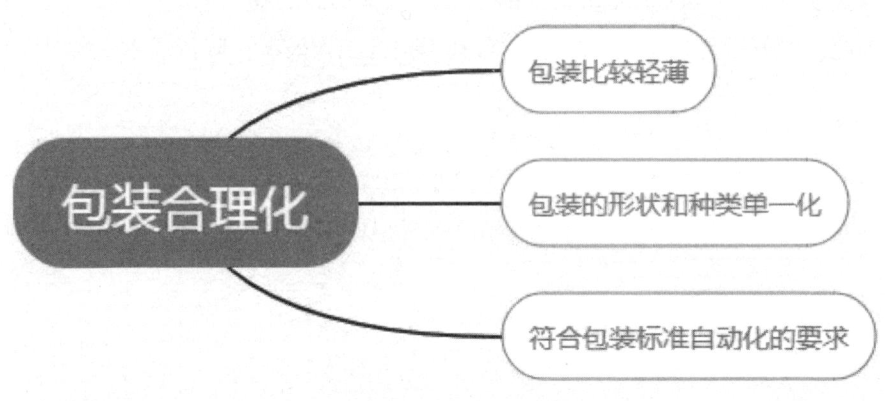


图12-3-1　包装合理化

合理包装对企业而言具有以下几点重要意义（见图12-3-2）。

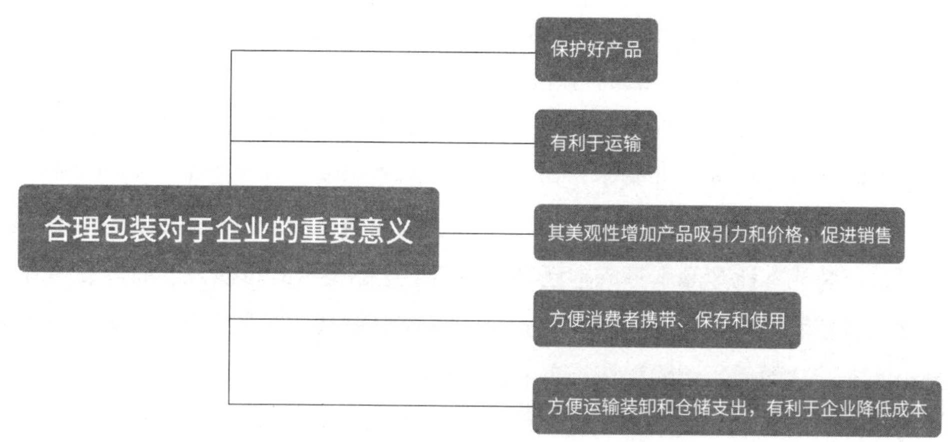


图12-3-2 合理包装对于企业的重要意义

第一，保护好产品。合理包装对于产品来说最重要的作用之一就是保护好产品，产品生产出来之后在销售和运输过程中，容易受到环境和外力的影响，导致产品变坏或者腐烂变质、发生渗漏等。合理的包装则可以有效防止这些情况的发生。

第二，有利于运输。合理的产品包装应该是根据产品性能、数量、形状和规格体积大小来选择不同的包装箱或者袋子进行包装。同时，外包装上需要标记好产品的名称、生产日期、重量、颜色、数量、出厂地址、储存方式等。这样有利于运输和装卸搬运过程中分配和计算数量，给企业的工作效率和经济效益提升带来一定的帮助。

第三，其美观性增加产品吸引力和价格，促进销售。合理的产品包装会给消费者视觉上带来享受，能够提升产品附加值，不仅起到宣传产品、提升品牌形象和市场竞争力的作用，还可以增加销售者购买欲。

第四，方便消费者携带、保存和使用。合理的包装是人性化的，是从消费者方便携带、保存和使用角度来考虑的。比如，企业可以在外包装上突出自己的品牌商标或者使用说明，方便消费者一眼就认出该商品，也方便消费者对于产品成分和使用、储存方法的了解，从而更好地使用该产品。

第五，方便运输装卸和仓储支出，有利于企业降低成本。合理的包装可以把零散的商品聚集在一起，方便集中装卸和搬运，有利于企业通过机械集中完成运输，提升工作效率，而且合理的包装也都可以二次利用。这样算下来，合理的包装相当于为企业节约了成本，提升了经济效益。

那么，企业如何实现包装的合理化呢？

首先，防止过度包装和包装不足。据不完全统计，每年产品由于包装不合格导致的损失都超过百亿元。包装不足可能导致产品在运输过程中受损，还可能降低产品的美观度。而过度包装的产品，由于设计包装成本过高，技术不足或包装体积过大，导致包装成本比产品本身成本还高，不利于产品销售，也损害了消费者利益。

其次，包装的标准化、尺寸化。企业应该做好规划，实现产品包装尺寸与产品的大小匹配，从而便于运输和在拖车或者仓库码放。

再次，包装材料的成本合理化。包装材料费不要超过产品总成本的50％为佳。

最后，包装大型化和资源集约化。合理的包装有利于使用大型机械装卸，而且可以重复回收利用的包装，更有利于节约资源。

总之，企业选择合理的包装，是物流管理的起点，也是实现物流合理化的基础，更是提升经济效益的手段之一。

## 4. 选择合理的运输路线

运输费用是物流成本主要组成要素之一，尤其是在人力资源和运输物化成本占比超过30％的情况下，再加上搬运装卸货物所耗费的人力、物力，企业成本无疑会更大。因此，合理规划路线运输，减少运输路途的距离，不仅可以提升运输速度和效率，更可以节约成本，达到企业增效增长利润的目的（见图12-4-1）。

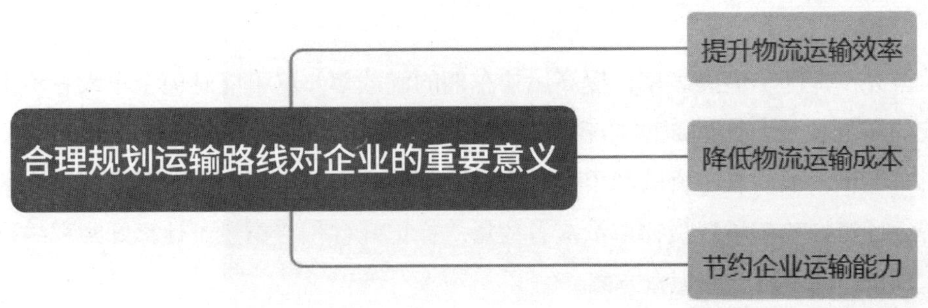


图12-4-1　合理规划运输路线对企业的重要意义

一般来说，合理规划运输路线对企业有三方面的重要意义。

第一，提升物流运输效率。合理规划运输路线，可以缩短运输时间，提升物流运输工作的效率。运输路线的优化，也可以让运送货物变得更安全，速度更快，效率更高。

第二，降低物流运输成本。路线的优化，可以直接有效降低运输的成本。这不仅仅优化的是人力资源成本，还更大程度保证了货物的运送时间和新鲜度，减少了储存货物的时间和费用，尤其能够减少生鲜类或者食品的损坏率。

第三，节约企业运输能力。不合理的路径选择，不仅会耗费更多人力，也可能导致企业资源浪费或者重复使用；而合理的路径运输，避免了运输紧张情况的出现，能大幅提升运输效率，实现运输人员和车辆的合理配置，达到最优化的运输工作效果。

作为企业如何选择最合理的运输路线呢？（见图11-4-2）。

图11-4-2　作为企业如何选择最合理的运输路线

首先，提高车辆满载率。提高运输车辆的满载率，尽可能避免空车或者不满载行驶的车辆数量。比如原本10辆货车满载运送货物，结果却安排了13辆同等载重的货车运输，很明显车辆的利用率并不高，但是成本却高了。企业可以提供大数据分析，计算好单车承载货物重量或者数量，标记好容积与重量，计算好路程线路距离，制订出成本最低的配置方案。

其次，降低在途突发事件概率。这种突发事件指的是车辆出现坏损或者堵车、货物载重量发生变化等不可控制因素导致的不得不变更运输路线的情况。想要降低这种突发事件发生的概率，企业运输部门就必须提前做好各种准备，比如平时对车辆检修，对运输路线途径的天气、道路等情况进行了解，这样才能在遇到突发状况时灵活应对。

再次，发展社会化运输体系。企业要有自己的运输车队，也可以雇用专业物流公司，统一安排这些车辆，以追求规模效益和组织效益。

最后，中短途运输建议采用铁路运输而非直达运输。在中短途运输中，充分发挥铁路运输的作用。铁路运输无论从运输数量和时间上都比公路更节约成本。尤其在本省这种中短途货物运输，建议使用铁路运送，减少中间环节，既分流了公路运输的压力，而且铁路服务水平也比较可靠。

运输路线的优化，可以充分发挥运输工具的效用，实现从仓库到终端的合理配送，最终达到降本增效、为企业赢得更多利润的目的。

## 5. 物流国际化的趋势

随着企业的发展以及市场环境的变化，企业会越来越多地扩展自己的业务类型及范围，将产品销售到全国乃至世界各地，因此物流国际化势在必行。

具体来说，企业如何应对物流国际化呢？（见图12-5-1）。

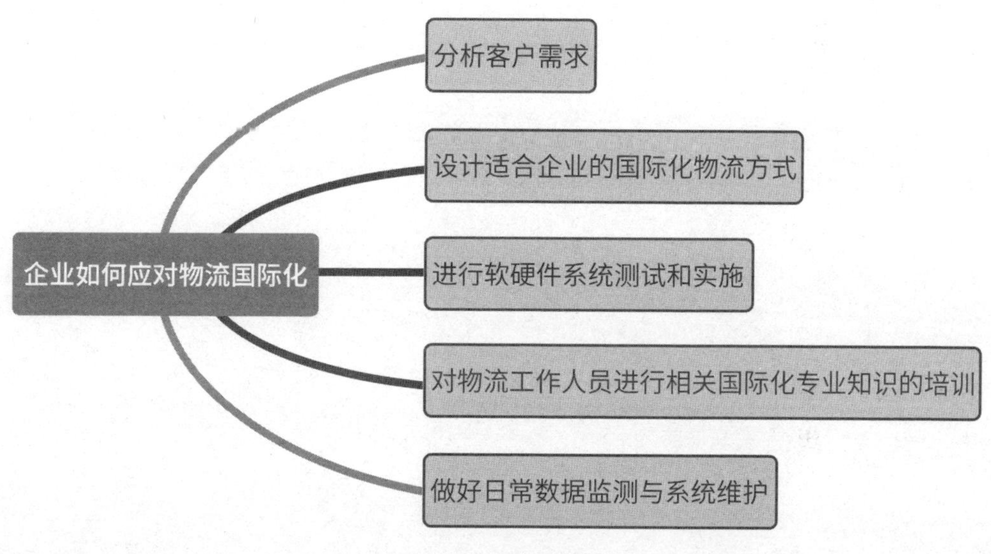


图12-5-1　企业如何应对物流国际化

第一，分析客户需求。企业应该对国外消费者的需求和痛点有深入了解，并对产品运输的路线进行调研和分析，做好国际化物流方案的设计。

第二，设计适合企业的国际化物流方式。每个企业生产的产品不一样，物流的需求也不一样，因此必须找到合适的国际物流方式，也必须选择适合企业产品和经济实际状况的物流，也就是做好国际物流信息平台建设，保证相关物流仓储的调度和跟踪记录。

第三，进行软硬件系统测试和实施。国际化物流系统设计完成后，需要进行各种适配的软件和硬件设备的安装调试、配置和数据迁移或者测试。

第四，对物流工作人员进行相关国际化专业知识的培训。企业应该对物流相关工作人员进行培训，补充相关专业知识和相关法律知识，也应该进行信息化实操的实践与演练。

第五，做好日常数据监测与系统维护。日常数据监测与系统维护，就是对软硬件系统进行数据备份与恢复，做好大数据的监测，并及时做好系统维护，保证不影响物流调度，促进系统稳定性。

总之，实现企业物流国际化可以有效提高企业对外贸易的工作效率，实现物流流程智能化，提升物流服务的质量，保证企业利润的增加。

# 6. 找到适合自己的物流运营模式最重要

目前，企业一般采取的物流运营模式主要有三种（见图12-6-1）。

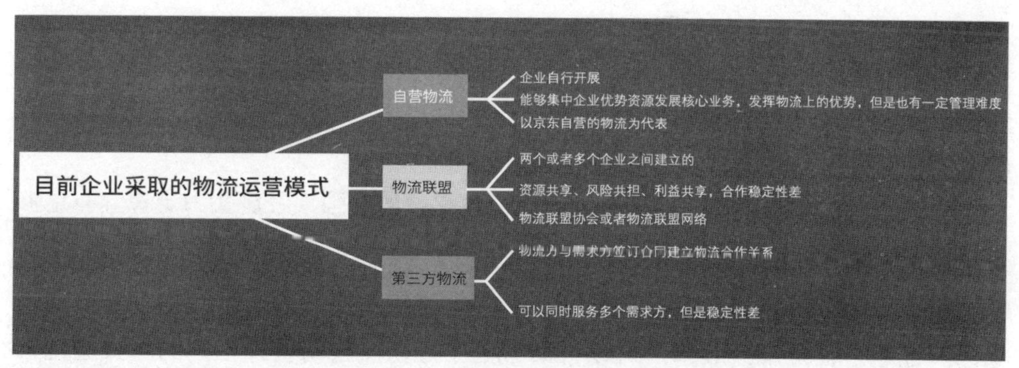


图12-6-1　目前企业采取的物流运营模式

第一种是自营物流，即企业自己招聘员工，负责配送自己生产或者销售的产品的物流模式。大家熟知的京东自营就是采用的这种物流运营模式，京东自营商家在当地都有货仓，一般当天下单，第二天就可以到货，售后服务也是京东自行处理。这种运营模式能够集中企业优势资源发展核心业务，发挥物流上的优势，但是也有一定管理难度。

第二种是物流联盟，即两个或者多个企业为了降低成本实现共赢，共同经营、风险共担、利益共享，而建立的一种物流合作方式。常见的有物流联盟协会、物流联盟网络等。

第三种是第三方物流。这种物流运营模式比较常见，指的是企业作为需求方与专业物流公司签订合作合同，建立起来的合作关系。

那么，企业如何找到适合自己的物流运营模式呢？（见图12-6-2）。

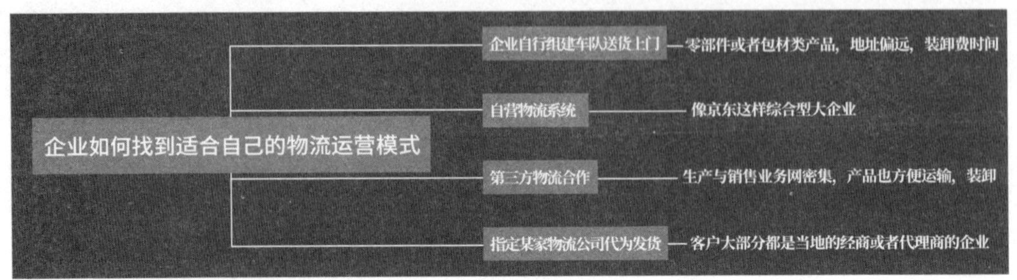


图12-6-2　企业如何找到适合自己的物流运营模式

首先，企业自行组建车队送货上门。如果企业生产的产品是一些零部件或者包材类产品，企业地址又比较偏远，装卸货都比较占用时间，建议企业自行组建车队送货上门。这样更容易使客户满意，而且有利于管理。

其次，自营物流系统。这种只适合像京东这样的有强大经济实力支撑，有足够订单可以配送的综合型大企业。

再次，与第三方物流合作。如果企业的生产与销售业务遍布全国甚至很多国家，产品也方便运输、装卸，可以采用与第三方物流公司签订合同的方式进行合作。这样的专业化物流管理，不用大面积投入专项物流的资金，配送也比较便捷及时。

最后，指定某家物流公司代为发货。这适合有固定发货地点，客户大部分都是当地的经销商或者代理商的企业。固定的物流公司对当地发货路线和接收人都比较熟悉，效率自然也比较高。

选择合适的物流运营模式，会对企业业务流程产生正面的影响，甚至可以提升整个企业的工作效率和资金链循环，间接刺激消费需求，提升业务量和销售额。因此，企业应该根据自身产品的特点和需要，选择合适的物流运营模式。

硬实力篇

# 第十三章 力量存在于大脑中

# 1. 不接受供应商的威胁

企业在采购设备或者原材料的时候，经常会遇到这样的麻烦事：供应商一言不合就提出停止供货。面对供应商这样的威胁，企业首先应该思考为什么供应商要停止供货（见图13-1-1）。

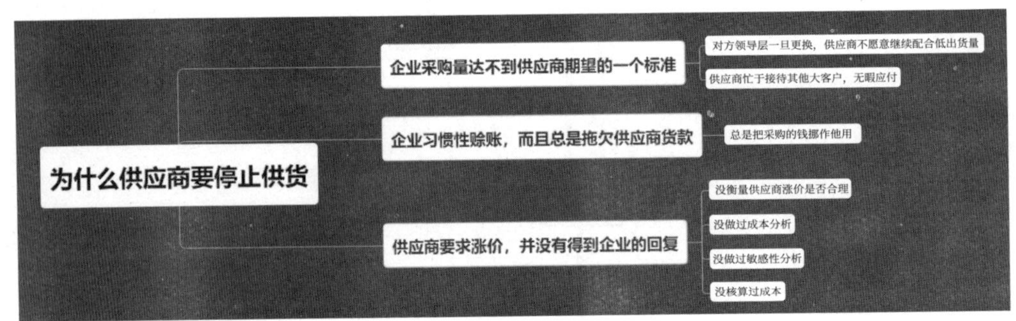


图13-1-1　为什么供应商要停止供货

一般而言，供应商提出停止供货是出于以下几个原因。

第一，企业采购量达不到供应商期望的一个标准。企业如果一直都是小批量地从供应商那里进货，供应商无论是出货量还是订单金额和利润都会比较少，因此某些大型的供货商不太重视这样的订单。依靠关系网获得出货量的企业，一旦更换了主要管理人或者关系网发生破裂，供应商就肯定会“翻脸不认人”，不配合企业小批量出货或者直接停止供货，再或者以有更大需求量的客户要对接为由拒绝为其服务。

第二，企业习惯性赊账，而且总是拖欠供应商货款。很多企业觉得拖欠或者在供货商这里赊账是件很平常的事情，甚至习惯于把理应给供货商的钱款直接挪作他用。有的企业甚至开口闭口就是“公司没有余钱，我的客户也都欠我的钱呢”。试想一下，如果一个企业总是拖欠供货商货款，没有了信誉，被供货商断货，也没有其他供货商愿意提供原材料，致使企业没有了原材料，无法开展生产，企业又该怎么生存下去？

第三，供应商要求涨价，并没有得到企业的回复。企业千万不可以一听到供应商要涨价就火冒三丈，觉得供应商是在故意出难题，应该冷静下来思考为什么要求涨价，并分析其涨价的合理性，比如成本分析、敏感性分析、核算成本等。如果供应商涨价是合理的，那么企业不同意涨价便有点不合规矩。

那么，企业应该如何避免被供应商威胁呢？

首先，企业应该找到自己的定位。企业需要明白自己与供应商的地位实际上是一样的，不可以对供应商态度傲慢或者蛮横，不然很容易让供应商心生怨怼，甚至觉得跟这样的企业合作是没有保障和人情味的。企业要摆正自己的位置，真正做到一言九鼎，这对于维系与供应商之间的合作关系是非常重要的。如今讲究合作和共赢，忽视他人的感受，唯我独尊显然是行不通的。企业也需要做好这样的心理准备，没有永远的合作伙伴，哪怕是合作了很多年的供应商，也有可能因为某些原因不再合作，而选择与其他更大的厂家合作。

其次，企业应该把资金做好规划，不能总是把货款挪作他用，而是应该专款专用，保障企业的资金流动畅通。这样才能保障企业发展需求，与供应商达成长期战略合作关系。

最后，企业可以态度温和一些，尽量面对面与供应商商谈，而且谈话过程中要态度低调，放低姿态，多倾听。

总而言之，要解决供应商的威胁问题还得“对症下药”，找对其停止供货的原因，才能真正解除威胁。

## 2. 学会与供应商周旋

企业的采购员与供应商之间进行谈判时，就像在进行一场没有硝烟的战争，你来我往，不断试探对方的真实想法和底线。如何在与供应商谈判中占据优势，也是有一定技巧的（见图13-2-1）。

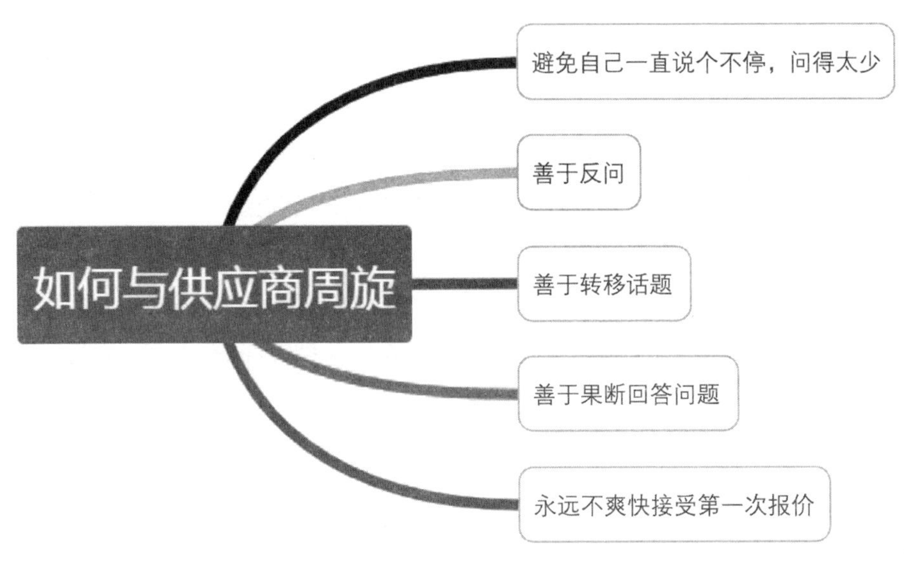


图13-2-1　如何与供应商周旋

第一，避免自己一直说个不停，问得太少。采购工作经验比较少时，为了防止自己露怯，就会从谈判伊始说个不停，供应商反倒一句话没有表示。如果采购只是阐述自己的想法，没有提出任何关于供应商这边的问题，而且专业方面的问题表述也不够精准，往往会给供应商留下把柄，让其找到破绽。成熟的采购员会善于倾听，也会鼓励供应商阐述自己的观点，听出供应商是想涨价还是想增加合同条款抑或是催缴拖欠尾款。

第二，善于反问。比如，你想要采购一台复印机，你会试探性地问："这台机器1500元可以拿下吗？"店主可能回复："什么？你是说这台复印机1500元吗？"很明显这样的反问是在犹豫，如果采购员这时继续抛出问题，则可能得到更低的价格。也就是说，当供应商要作决定并用问题试探你的时候，你最好的回答方式就是把皮球踢回去，用同样的问题反问，最终会获得对方明确的答案。

第三，善于转移话题。当你不知道怎么回答供应商的提问时，可以避其锋芒，换个话题或者侧面回答。比如，供应商想要涨价，对方想要知道你的想法，你不知道怎么回答时，可以换个思路，说一下自己企业正在研发的新品或者行业竞争多激烈，甚至也可以说出来自己遇到的困难和麻烦。

第四，善于果断回答问题。面对供应商的提问，作为采购一定要果断回复，不带任何犹豫，尤其是关于涨价的问题，更要学会果断拒绝。采购犹豫后回答的问题，给供应商的感觉是"这个人能力一般"或"这个人的话难以相信"。

第五，永远不爽快接受第一次报价。供应商的第一次报价一定是基于自己利润最大化进行的报价，也会给采购方留足还价的空间。也就是说，采购方至少需要与供应商进行一两次还价，才能得到双方都满意的价格。

想要成为一名合格的金牌采购员，除了能说会道，还要掌握这些周旋的技巧，在保证公司利益的同时，也让供应商更好地为公司服务。

## 3. 避免信息杂乱与模糊

很多企业在采购时会出现信息杂乱、模糊的弊端，致使出现采购成本高，采购过程消耗大量人力、物力，导致企业利润率下降，无法满足企业长远发展的需要（见图13-3-1）。

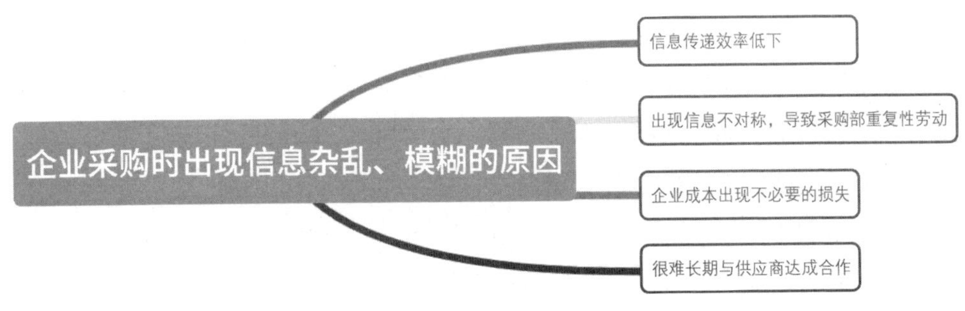


图13-3-1　企业采购时出现信息杂乱、模糊的原因

那么，采购时为什么会出现信息杂乱、模糊呢？究其原因有以下几点。

第一，信息传递效率低下。企业需要的物品大部分仍需专门采购员出差办公完成。采购员频繁出差，导致信息传递的滞后性，延长了采购和出库的时间，致使企业对最新的市场动态掌握效率低下，反应效率更低。

第二，出现信息不对称，导致采购部重复性劳动。由于掌握的信息不及时，信息也没能做到及时分享、处理与共享，因此会出现信息不对称，导致采购部重复性劳动。这会使企业无法真正分析到供应商的成本区间，导致最终无法合理估算到成本价格，这样的竞争对买方无疑是不利的。

第三，企业成本出现不必要的损失。依靠面对面的谈判进行采购，这样的方式无法实时掌握全面动态价格，容易被对方进行干扰，导致讨价还价空间变小，交易透明度降低，以致企业成本出现不必要的损失。

第四，很难长期与供应商达成合作。由于对所有供应商信息管理缺乏综合分析与评估，相应的评估体系就不能建立起来，因此对供应商的价格、服务、交货时间及产品质量都无法做出相应的评估，也就很难长期与供应商达成合作，更不能实现对供应商的管理，面对供应商的威胁和刁难时更是不能实现积极应对。

企业需要建立信息化采购，充分利用互联网实现信息的高效、公平和快速传递与分析，节约时间成本与人力成本。构建交易平台，具体来说可以这样做（见图13-3-2）。

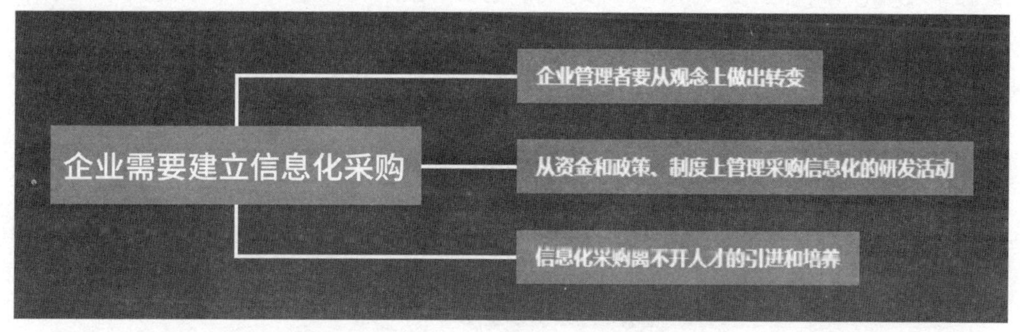


图13-3-2　企业需要建立信息化采购

第一，企业管理者要从观念上做出转变。企业采购并不是只为了降低成本，或者为了自己的利益而做出决定，而要从双赢、互惠互利的想法上转变，这样才能赢得供应商的信赖并与其达成长期合作。作为管理者更要以身作则提高认识，这样才能真正实现企业的信息化采购。

第二，从资金和政策、制度上管理采购信息化的研发活动。企业可以加大资金投入，在网络设备、系统建设上下足功夫，积极引进各种采购管理系统软件，利用技术的力量搭建信息化采购平台，设计科学的采购流程和方法。

第三，信息化采购离不开人才的引进和培养。信息化采购不仅涉及互联网技术，更涉及市场供求信息管理、成本测算、谈判技术、库存控制、供应商综合评估与选择等方方面面的业务能力，因此企业需要引进和培养高素质并具备专业能力的人才。

因此，企业想要长远发展，想要节约采购成本，必须更新和改变观念，做好信息化采购，避免信息杂乱无章与模糊，这样才能真正实现企业的可持续发展。

# 4. 还价怎么都不过时

企业采购最终的任务就是用最优惠的价格获得原材料，这是企业管理者对采购员的最基本要求，也是采购部本身的基本追求，因此讨价还价对于采购员来说永不过时。作为采购员，如何通过讨价还价拿到最优惠的价格呢（见图13-4-1）？

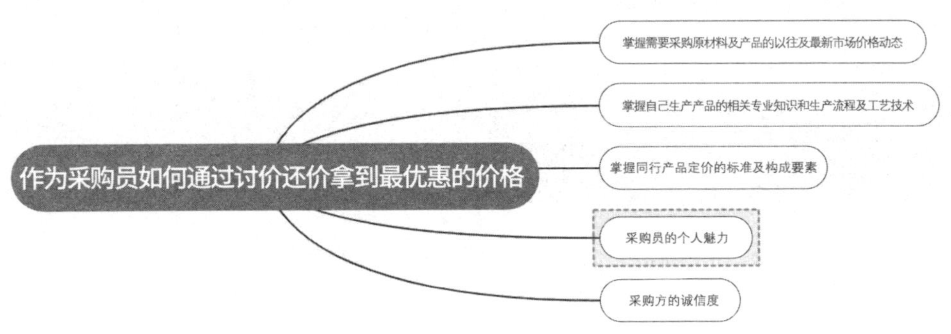


图13-4-1　作为采购员如何通过讨价还价拿到最优惠的价格

第一，掌握需要采购原材料及产品的以往及最新市场价格动态。任何产品的价格都不是一成不变的，因为产品都会有销售的高峰和低谷，是处于发展变化之中的。采购员必须时刻关注原材料及产品的价格波动，可以借助互联网、社会调研、传真咨询等方式获得实时价格。产品的价格是随着原材料的价格浮动而制定的，采购方掌握了原材料价格动态，就等于心中有了一杆秤，可以在讨价还价时做到胸有成竹。

第二，掌握自己生产产品的相关专业知识和生产流程及工艺技术。采购员一定要对自己的产品及生产流程和工艺技术特别熟悉，这也是采购方跟其他供应商讨价还价的资本。产品如果技术革新或者生产工艺流程得到大大改善，效率大幅度提升，价格自然会大大降低，采购方如果对这些做到了如指掌，那么供应商也没办法蒙蔽采购方。产品还没有打开市场的时候，采购方一定要抓住机会，用最优惠的价格逼对方就范。

第三，掌握同行产品定价的标准及构成要素。正所谓“知己知彼，百战不殆”，掌握同行价格制定标准也是十分重要和必要的。比如，对方的产品价格包含了车船费和开发票所需税费，但是如果采购时提前告知对方不需要开发票，或者自己有运输工具，这样采购价格自然会低一些。

第四，采购员的人格魅力。如果你是一个有丰富工作经验，又具备深厚专业知识，还具备人格魅力的人，那么供应商也许会愿意在权限范围内给你最低的价格。

第五，采购方的诚信度。一个采购员如果十分讲诚信，那么供应商也愿意给他最优惠的价格。任何企业都会有遇到困难的时候，当你的供应商遇到困难，作为采购方你给予对方最大的信任和支持，甚至冒着自己遭受损失的风险给对方帮助，那么在后续合作中，供应商也愿意拿出最优惠的价格给你。

总之，对于企业来说讨价还价是智慧的表现，也是节约成本必须要走的路。

## 5. 企业对采购员都有“防人之心”

采购员干一段时间就必须换人，这是企业管理者的共识。其实，并不是企业管理者不信任采购员，或者戴着有色眼镜来对待他们，只是因为采购的工作性质决定了其工作的特殊性和重要性。采购员如果自己定价，随着工作年限的增加，便会与经常合作的供应商产生深厚的感情。当工作中夹杂了个人的情感因素，那么在谈到价格问题时，采购员极有可能拿不到最优惠的价格。因此，企业不得不隔一段时间便更换采购员，或者禁止采购员自己定价，迫使供应商降低价格。

具体来说，采购员必须采取轮岗制度是出于以下几个原因（见图13-5-1）。

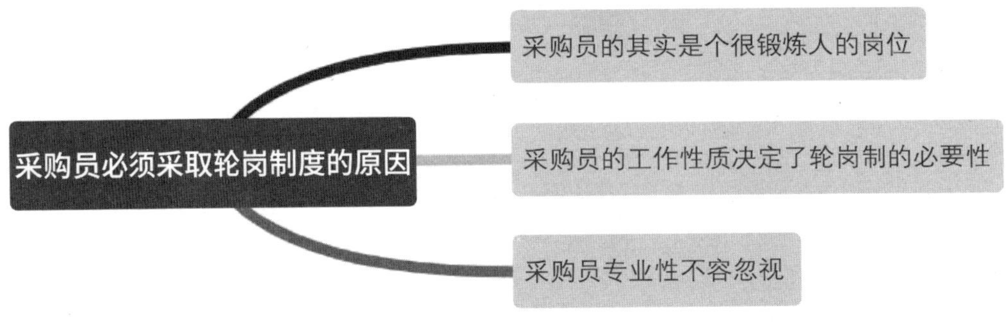


图13-5-1　采购员必须采取轮岗制度的原因

第一，采购员其实是个很锻炼人的岗位。在采购过程中，采购员需要与供应商谈判、沟通、应酬，这非常锻炼人的耐心和交际能力。采购员轮岗制度，一方面可以防止采购员吃供应商回扣，无法压低进货价格；另一方面也可以为企业培养更多优秀的人才。

第二，采购员的工作性质决定了轮岗制的必要性。采购部作为企业的进货部门，经常与供应商打交道，可能会受到金钱或者利益的诱惑，采用轮岗制有利于防范腐败。而且，采购部需要多方面的优秀人才，通过轮岗制有利于发现更多复合型人才，缓解岗位人才不足的压力，培养出综合型且能够独当一面的员工。企业通过轮岗制，也能够让员工拓展自己的能力，积累人脉，锻炼自己实践能力，真正找到适合自己的岗位。

第三，采购员专业性不容忽视。采购员轮岗，并不意味着可以忽视其专业性。专业的采购员还是需要建立在对业务内容了解的基础上，还应该有能力回答选择该供应商的原因以及采纳这个价格的原因，这都是建立在对市场价格全方位掌握和综合评估各个供应商的基础之上。

总而言之，采购员需要对自己的业务及客户的数量、质量、成本做到心中有数，尽可能开拓多种采购渠道，降低成本，提升企业利润率。

## 6. 保持一颗坚定的心

采购需要提前做好预算，特别需要保持一颗坚定的心，守好底线。那么，作为采购人员要如何守好底线呢？可以尝试从以下几个方面去做（见图13-6-1）。

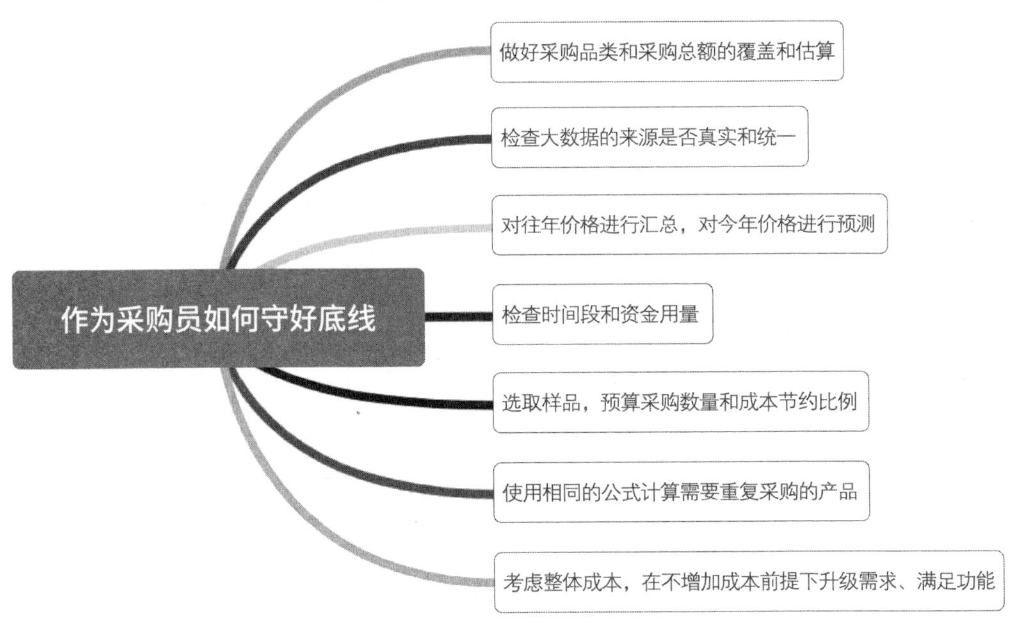


图13-6-1　作为采购员如何守好底线

第一，做好采购品类和采购总额的覆盖和估算。作为采购员，你需要知道采购的原材料或者产品包括哪些品类，是全部品类还是某几个品牌的品类，它们的采购总价大概是多少。

第二，检查大数据的来源是否真实和统一。采购人员做好预算的大前提之一就是保证数据的真实与可靠。你需要知晓这些数据来源是互联网线上收集，还是线下调查研究总结，是来源于一个系统数据库还是来源于多个数据库，数据是否真实可靠。

第三，对往年价格进行汇总，对今年价格进行预测。如果是重复性购买的产品，建议主要参考去年的平均进货价格。总之，采购时要做好价格预测。

第四，检查时间段和资金用量。时间段就是本次采购覆盖的时间持续多久，资金用量就是采购需要花费多少钱。对时间段和资金用量进行检查，目的就是防止资金链断裂，导致企业出现生产和销售危机。

第五，选取样品，预算采购数量和成本节约比例。选取样品，即选取具有代表性的产品，也就是将覆盖率可以达到90％的产品作为样品，预算其采购数量和可能达到多大数量的采购额和成本节约比例。对于没有参与报价的产品，尤其是那些可能成为长尾的产品，根据往年均价和可替换性或者基于保证供给需求的原因，可以通过与供应商签订协议的方式保证其库存。

第六，使用相同的公式计算需要重复采购的产品。当然，对于重复性采购的产品，每个公司也都有自己的计算采购量和采购额的方式，基本的方式便是进行年份平均价格的对比。对于非重复性采购产品，可以根据其是否进行了工艺改进或者技术转移等来综合考评进行价格对比。

第七，考虑整体成本，在不增加成本前提下升级需求、满足功能。比如引进了一台新的复印机，除了满足打印、复印功能外，相比原先的设备还赠送了3年免费维修和质量保证，这样核算下来总成本便降低了9％。这就是在保持底线和满足需求的前提下，做好了成本升级。

总之，采购员要勤于调查、严格把关，严格按照公司规定的岗位职责办事，努力做好物品采购和质量监督工作，守好自己的底线，为公司的发展尽自己的一份力。